新时期高校思想政治教育教学与反思研究

崔玉娟◎著

吉林大学出版社
·长春·

图书在版编目（CIP）数据

新时期高校思想政治教育教学与反思研究 / 崔玉娟著 . -- 长春：吉林大学出版社，2022.9
ISBN 978-7-5768-0730-1

Ⅰ. ①新… Ⅱ. ①崔… Ⅲ. ①高等学校—思想政治教育—研究—中国 Ⅳ. ① G641

中国版本图书馆 CIP 数据核字 (2022) 第 186333 号

书　　名	新时期高校思想政治教育教学与反思研究
	XINSHIQI GAOXIAO SIXIANG ZHENGZHI JIAOYU JIAOXUE YU FANSI YANJIU
作　　者	崔玉娟　著
策划编辑	殷丽爽
责任编辑	张宏亮
责任校对	周　鑫
装帧设计	李文文
出版发行	吉林大学出版社
社　　址	长春市人民大街 4059 号
邮政编码	130021
发行电话	0431-89580028/29/21
网　　址	http：// www.jlup.com.cn
电子邮箱	jldxcbs@ sina.com
印　　刷	天津和萱印刷有限公司
开　　本	787mm×1092mm　1/16
印　　张	11
字　　数	200 千字
版　　次	2023 年 1 月　第 1 版
印　　次	2023 年 1 月　第 1 次
书　　号	ISBN 978-7-5768-0730-1
定　　价	72.00 元

版权所有　翻印必究

前　言

中国特色社会主义事业的建设和当今世界地区间激烈的竞争对于高素质高修养的人才有着强烈的需求和呼唤，高校思想政治教育正是担负着这样的重担，在帮助在校生形成成熟的价值取向的同时，强调道德修养和帮助其建立道德评价标准，从他律转向自律，一旦形成了以成为优秀的道德标兵为荣的价值取向，他们会自觉自愿融入各种环境中，与他人一起投身于社会主义的物质和精神建设中，在此同时，他们强烈的道德荣誉感也会逐渐感染到周围的人，从而推动整个社会的物质文明与精神文明不断繁荣。因此，在新时期背景下，对高校思想政治教育教学与反思进行研究，具有重要的现实意义。

本书共六章内容，第一章为导论，主要从三个方面对新时期高校思想政治教育基本知识进行了论述，分别是高校思想政治教育概述、高校思想政治教育理论基础、新时期高校思想政治教育面临的挑战；本书第二章为新时期高校思想政治教育实践教学概述分别从三个方面进行阐述，依次是新时期高校思想政治教育实践教学的内涵和目的、新时期高校思想政治教育实践教学的功能和价值、新时期高校思想政治教育实践教学体系构建；本书第三章为新时期高校思想政治教育教学现状分析，依次从新时期高校思想政治教育工作的意义、新时期高校思想政治教育教学困境、新时期高校思想政治教育教学优化路径三个方面进行了论述；本书第四章为新时期高校思想政治教育的多维视角，主要介绍了三个方面的内容，依次是"三全育人"视域下的高校思想政治教育、"大数据"视域下的高校思想政治教育、"立德树人"视域下的高校思想政治教育；本书第五章主要介绍了新时期高校思想政治教育协同育人机制，主要从新时期高校思想政治教育协同育人机制的内涵、新时期高校思想政治教育协同育人机制的优势、新时期高校思想政治教育协同育人机制的类型三个方面展开论述；本书第六章为新时期高校思想政治教育的反思，主要从学校整体建设的思想政治教育反思、学生干部队伍建设的思想政治教育反思、辅导员与思政课教师队伍建设的思想政治教育反思三个方面进行了论述。

在撰写本书的过程中，作者得到了许多专家学者的帮助和指导，参考了大量的学术文献，在此表示真诚的感谢！本书内容系统全面，论述条理清晰、深入浅出，由于作者水平有限，书中难免会有疏漏之处，希望广大同行及时指正。

作者
2021 年 11 月

目 录

第一章 导论 ······1
    第一节 高校思想政治教育概述 ······1
    第二节 高校思想政治教育理论基础 ······10
    第三节 新时期高校思想政治教育面临的挑战 ······17

第二章 新时期高校思想政治教育实践教学概述 ······19
    第一节 新时期高校思想政治教育实践教学的内涵和目的 ······19
    第二节 新时期高校思想政治教育实践教学的功能和价值 ······25
    第三节 新时期高校思想政治教育实践教学体系构建 ······32

第三章 新时期高校思想政治教育教学现状分析 ······42
    第一节 新时期高校思想政治教育工作的意义 ······42
    第二节 新时期高校思想政治教育教学困境 ······44
    第三节 新时期高校思想政治教育教学优化路径 ······51

第四章 新时期高校思想政治教育的多维视角 ······64
    第一节 "三全育人"视域下的高校思想政治教育 ······64
    第二节 "大数据"视域下的高校思想政治教育 ······76
    第三节 "立德树人"视域下的高校思想政治教育 ······93

第五章　新时期高校思想政治教育协同育人机制 ……………………101
第一节　新时期高校思想政治教育协同育人机制的内涵 …………101
第二节　新时期高校思想政治教育协同育人机制的优势 …………108
第三节　新时期高校思想政治教育协同育人机制的类型 …………126

第六章　新时期高校思想政治教育的反思 ……………………………156
第一节　学校整体建设的思想政治教育反思 ………………………156
第二节　学生干部队伍建设的思想政治教育反思 …………………161
第三节　辅导员与思政课教师队伍建设的思想政治教育反思 ……164

参考文献 ……………………………………………………………………171

第一章 导论

本章为全书的导论，主要从三个方面对新时期高校思想政治教育基本知识进行了论述，分别是高校思想政治教育概述、高校思想政治教育理论基础、新时期高校思想政治教育面临的挑战。

第一节 高校思想政治教育概述

一、高校大学生思想政治教育制度建立

（一）建立思想政治教育制度

1949年9月，中国人民政治协商会议第一届全体会议通过《中国人民政治协商会议共同纲领》，确定了新中国的思想文化建设需要坚持民族的、科学的、大众的发展方向。1951年2月，中共中央颁布了《关于加强与调整各级党委宣传部的工作和机构的指示》，从群众宣传、学校教育等方面具体规定了党的各级宣传部门的职责范围，初步形成了包括宣传教育内容、机构、队伍、工作方式、检查考核在内的思想政治教育管理实施制度。在这一时期，中共中央还通过建立自上而下、覆盖全国的思想政治教育网络体系，并建立相应的实施机构，制定一系列工作制度，形成了由各级党委领导、宣传部门主管实施，以各项相关制度和组织机构为保证，以社会各界为对象，以提高思想政治觉悟为目的，以普及马克思列宁主义、毛泽东主席思想为内容，以多种宣传教育形式为手段的思想政治教育运行机制。如干部理论教育制度、全体党员教育和支部教育制度、群众宣传思想工作制度、知识分子的政治教育制度、学校思想政治教育工作制度、工农积极分子教育制度等。

（二）加强思想政治教育工作

1956年9月，全国召开了中国共产党第八次全国代表大会，从中国共产党所

处的历史地位和肩负的历史任务出发，从党内存在的问题着眼，强调加强党的建设和思想政治教育工作，把执政党建设和思想政治教育放到特殊重要位置上。一是提高对思想政治教育重要性的认识。在《关于宣传唯物主义思想批判资产阶级唯心主义思想的指示》中，中央明确加强思想政治教育对于党和国家的工作有决定性的意义，毛泽东主席第一次提出了"政治工作是一切经济工作的生命线"的论断。二是明确思想领导是党的领导首要职责这一根本原则。各级党委必须真正做到把思想领导当作自己领导的首要职责，通过党的理论宣传和思想政治教育这一政治优势实现党的领导职能。三是首次意识到思想政治教育是一项长期艰巨的任务。毛泽东主席指出，由于"反映旧制度的旧思想的残余总是长期地留在人们的头脑里，不愿意轻易地退走"因此决定了思想战线斗争的长期性和复杂性。四是确定思想政治教育的内容和运行机制。中央根据思想政治教育任务的改变，阐述了社会主义时期思想政治教育的基本内容包括辩证唯物主义和历史唯物主义、社会主义信念、集体主义教育和艰苦奋斗精神的教育四个方面，并决定采取大规模群众思想运动的方式开展思想政治教育。

二、思想政治教育的意义

（一）有助于师生顺利高效完成教学任务

思想政治教学作为最基本指导理论之一，其最重要的功能之一就是保障师生顺利高效完成思政课的教学任务。它能够使教师更加深刻地掌握这项教学实践活动的本质和规律，能够帮助学生更好地掌握教学内容，从而取得良好的教学效果。思政教育是我们认识该课程教学实践活动本质与规律的基础。思想政治教育教学是经过科学抽象和高度概括后的概念。人们通过对思想政治教育教学的展开研究，树立正确的、科学的范畴体系，能对教学实践活动有更深层次的认识，有助于揭示研究对象的本质和规律，对师生顺利高效完成教学任务有重要的保障作用。具体体现在两个方面。

首先，它是思想政治理论课教学理论本质和规律的手段与工具，这一教学包含着已有的学科教学理论知识。通过思想政治教育教学的推演，概念的移植等方法，对教学领域的种种关系产生新的认识，归纳总结出思想政治教育教学过程中的新特性和关系，进而架构出新的范畴，由此产生出新的理论。思政教育教学基本理论框架的发展创新是基于范畴的产生和形成，而思政教育教学的产生和转化会对其教学理论产生新的变化通过不断研究和发展创新，对思想政治教育教学领域内的现象有一个新的认识，包括特性、关系，甚至是范畴的基本内容等等都会有不同的认识。

其次，它是思想政治教育教学实践活动本质和规律的手段与工具。思想政治教育教学对教学的思维方式具有引导更新作用，使思维与时俱进。在对思想政治教育的研究、推演的基础上产生出思想政治教育教学的具体内容，这实际上就是思维运动的结果，通过对已经存在的范畴进行深一步的探索，产生新的范畴并揭示其概念。通过对教学范畴不断深入研究，它能对教学中的各种现象的认识从感性上升到理论层面，为思想政治教育教学实践活动指明方向，确保师生顺利高效完成教学任务。

（二）有助于大学生树立正确的理想信念

通过思想政治理论课教学可以使学生完整地、准确地、科学地理解和把握马克思主义的科学理论，避免了对马克思主义理论片面的、肤浅的理解，同时也可以避免或减少某些学生用个别结论、现象代替或否定马克思主义的价值立场真理性等。通过思想政治教育教师用科学的方法向学生讲授思想政治理论这一科学的内容，可以引导学生对科学世界观和方法论的掌握。例如，在思修课第一章的内容就是要引导学生树立正确的理想信念。人们借助思想政治教育教学对其实践过程中出的种种现象、问题、关系都统一到一个有机体里，对其进行全面的、整体性的分析阐释，从而能更好地认识和把握这一系统。把作为思维工具对教学进行指导，帮助学生树立正确的理想信念是研究范畴的重要作用，构建范畴体系，完善思维形态是教学理论研究的重要任务。通过思想政治教育教学指导教学实践活动，对保障大学生树立正确的理想信念有重要意义。

（三）有助于提高大学生的思想政治觉悟

思政教育范畴是通过思维逻辑对具体的现象进行抽象化，而其功能则是把抽象的概念具体化，用以指导实践。换句话说，这一教学就是从逻辑层面展现了教学过程的系统性和整体性，从而构成教学理论的基础。目前，随着教学手段的不断发展，实践活动内容多样，形式各异；教学作为教学的理性认识和基本理论单元，教学的每一环节产生、变化、发展的基础，对教学中的诸要素的位置、作用都有明确的规定，它对教学的指导作用，是教学效果和目的达成的保障。在思政教育开始前对教师的所采用的教学方式方法也具备指导作用，也是教学方向的重要影响因素，保证教学内容和对学生思想的引导方向是正确的，是与马克思主义所提倡的思想、政治、价值观念保持一致性，保证对大学生培养的是正确价值理念和政治方向，对提高大学生的思想政治觉悟及坚定正确的政治方向有保障作用。

（四）有助于促进高校大学生全面发展

社会的本质和人的本质是一致的，个人与社会在实践中实现统一。新时代指出教育强则国家强，教育是培养肩负中华民族伟大复兴接班人的重要途径。教育可以提高人的劳动能力，消除由于分工给人的发展造成的局限，为人的身心发展提供必要条件，孔子提出"有教无类"的主张，认为人人都有接受教育的权利，只有将教育普及化、大众化，国民素质才能普遍提高，正所谓"百年大计，教育为本"，人作为教育的产物如果不接受教育，可能会永远停留在愚昧落后的未经开发的状态，促进人的全面发展，必须发挥教育的基础性和先导性作用，利用人口数量多的优势，化人口负担为人才储备。

青少年是推动社会进一步向前发展的关键因素，是社会发展的引导者和建设者，国家时刻关注着新一代青年们，满足他们成长过程中的各种需求，研究如何使新一代青年们努力追求理想抱负、实现自身价值；同时积极研究如何使得社会中各方力量可以更加有效地配置，使每个人可以尽情地释放自己的才能。

（五）有助于增强文化自信的坚实保障

"文化"与"教育"相互依存，互为目的，教育是民族传承的基本载体，是精神培育和文化继承的重要渠道，一个国家、一个民族的强盛，总是以文化兴盛为支撑的，历史和实践反复印证了"人才资源是第一资源，是国家核心竞争力之所在"这一重要论断，我国将人才战略上升为国家重点战略，从娃娃抓起，优先发展教育，大力推动教育内涵式发展，中华民族的伟大复兴需要以中华文化发展繁荣为条件。教育作为国家一项重要的事业，它的核心作用在于价值塑造，我们要以教育自信建立道路自信、理论自信、制度自信和文化自信，要通过思想政治教育来增强文化自信，提高文化软实力，牢固人民的信念教育，坚定人民对中华民族优秀传统文化的文化信仰。

进入新时期，人民群众对于精神生活层面有了更高的追求，思想政治教育在本质上是关于"人"的工作，对于这一重大转变，思想政治教育的主题也应随之调整，不仅要满足人的精神需求，而且还要给予人们正确的思想引导，做好主流价值观的指导，将社会主义核心价值观作为解决问题、消除矛盾的行动指南，帮助人民正确认识"美好生活"并"撸起袖子加油干"，在美好的时代里积极创造属于自己的"美好生活",党和国家要把握好思想政治教育这一生命线,立足新时期,适应新环境,满足新要求,带领人民群众努力奋斗,继续推进共产主义伟大事业走向成功。

文化自信以树立正确的文化观念,指引人们进行文化判断和文化选择为价值目标。思想政治教育以人的自由全面发展为价值追求。两者在性质上具有同质性,都符合社会主义发展的前进方向,共同推进我国社会主义现代化进程。在内容上具有对接性,底蕴深厚的优秀传统文化、英勇抗争的革命文化、蓬勃发展的社会主义先进文化,内含于高校大学生思想政治教育的内容之中。

三、高校大学生思想政治教育的主要特征

(一)民族性

民族性对于一个民族、一个国家是至关重要的存在,民族文化是大浪淘沙留下来的精华产物,凝聚了一个民族一代代人民的思想精髓和智慧结晶,随着传播和继承早已融入人民的灵魂中。民族文化造就了不同民族的不同习俗和主要特征,民族性是文化的脊梁,是文化价值存在的基础和前提。弘扬中华民族传统文化也是思想政治教育工作的重要内容,培养高校大学生的民族自尊心、认同感、自豪感,能够有效帮助青年形成正确的人生观、价值观、世界观,从而拥有优良的性格品质。中华民族文化具有悠久的历史和深厚的底蕴,当中阐述的一些思想和理念到今天仍然散发着生机和活力,仍然具有可借鉴性。在中华民族的历史长河中,儒家思想经过了大浪淘沙,承受了历史的筛选,在新时期社会的发展中仍然展现其不断更新的内涵。儒家所支持的忠、孝、礼义、廉耻等人类社会道德标准造就了中华民族的民族精神。经过这些民族精神的洗礼,高校大学生的道德文化素养可以大大提高,有助于学生成为新时期的优秀人才。

(二)综合性

在探讨人的思想品德形成规律的时候,与其关联的社会因素、人的自身因素、外界因素都可以作为需要参考的变量,这体现了高校思想政治教育的综合性。因为在实际生活中,人的思想和做出的选择不能用单一标准来判断,社会中存在着很多类型、很多层次的束缚和制约,每一种思想政治教育出现的问题也都有其背后不同的影响源。所以多角度、多方面对学生的行为进行立体、全面地分析,是高校思想政治教育综合性特征的体现,绝不能把一个复杂的人和复杂的情况简单考虑。

它的综合性还体现在要运用多学科的知识进行研究。思想政治教育工作除了在政治理论（如马克思主义、邓小平理论）的指导下进行，也需要教育学、伦理学、心理学、社会科学等方面的知识。并非马克思主义一门学科，就是对社会和人类极为复杂的综合性讨论总结，要运用其展开教育本身就有很大的复杂性。思想政治教育归根结底还是有关教育的、有关人类的，所以涉及的方面非常广泛。要做到协调不同方面的知识和力量顺利良好开展教育也体现了其综合性。

（三）时代性

思想政治教育必须牢牢跟上当代社会的发展节奏，要具有鲜明的时代性主要特征，时代性主要特征在教育内容中有所体现，比如当前形势下中国共产党的政策、方针、路线，而上述有关党的理论是如何获得的，在现实生活中又有什么样的应用和依据，这些都是很重要的，思想政治教育也只有融入新时期的理论内容才具有生命力，才更容易被高校大学生掌握。随着改革开放和社会主义市场经济的不断发展，高校大学生的思想、价值观取向与以前相比产生了巨大的变动，受到了前所未有的影响。随着外来信息的不断涌入，人才需求的扩大，青年学生有更大更好的舞台来发挥自己的才能。但同时，世界上不同民族文化的价值观、生活理念随之涌入，形成了思想碰撞，导致了文化和意识领域的丰富化、多样化。而且当前世界信息全球化、网络全球化，也对当代学生思想政治教育提出了新的挑战，学生在生命中遇到的任何一个问题都难以有标准的答案，这使得教育者在给予学生正确信息这方面的权威受到了挑战，这是高校大学生思想政治教育工作需要思考的新问题。时代性特征就是指思想政治教育要使理论联系新时期的实际，这就考验了思想政治教育者的理论驾驭能力与结合实际解决问题的能力。只有具备上面所说的品质和能力，对于实际遇到的问题才能有更透彻更有深度的理解，思想政治教育才能达到新的高度。

四、高校思想政治教育的核心及目标

（一）高校思想政治教育的核心

1. 理想信念教育是高校大学生思想政治教育的核心

理想信念是由理想和信念两个重要概念复合而成，它是思想政治教育过程中产生的复合性概念。理想信念居于人的精神世界的核心位置，犹如精神之钙。信念是认知、情感和意志的有机统一体，为人们百折不挠地追求理想目标提供了强大的精神动力。可见理想信念是自身发展的内生动力。

引导高校大学生对社会主义核心价值观的认同和接受，以"中国梦"去引领高校大学生理想信念。理想信念本质上属于价值观的范畴，理想信念的形成离不开价值观念的选择和确立。在树立理想信念的过程中要加强对社会主义价值观和"中国梦"的理性认同，正确认识和准确把握历史规律与基本国情，在历史和时代的发展中找准属于自己的坐标，自觉担负起实现中华民族伟大复兴的时代使命。

2. 高校大学生理想信念教育的重要意义

首先，当前高校大学生理想信念教育深刻影响着中华民族伟大复兴中国梦的实现。大学教育阶段是高校大学生思想观念、价值取向、精神风貌的成型期，在这一阶段就要铸就理想信念、锤炼高尚品格，扣好人生的第一粒扣子。

其次，高校大学生理想信念教育直接关系到大学立德树人根本任务的落实。增强高校大学生理想信念教育是使社会主义核心价值观内化于心的重要方法。立德首先需要立志，这里的志就是崇高的理想信念。高校大学生在精神上一旦产生了"缺钙"现象，进一步会导致高校大学生成长奋斗的内在动力不足，精神面貌萎靡不振，人生充满困惑迷茫，甚至影响高校大学生身心的健康成长。

最后，高校大学生理想信念教育是引导高校大学生选择正确人生道路和前进方向的重要根基。进入新时期，我国的综合国力和人民生活水平显著提高，虽然良好的外部环境对个人的健康成长具有重要影响，但决定性因素还在于个人是否能树立坚定的理想信念。坚定的理想信念决定着高校大学生未来的人生格局和人生价值的实现程度。

3. 加强高校大学生理想信念教育的对策

高校大学生理想信念教育是需要社会、高校、家庭、个人的共同合力整合而来，对各个因素进行分析，不难发现，高校思政课是加强高校大学生理想信念教育的良策。

（1）转变线下教育为主现状，倡导线上和线下结合教育

新媒体时代的到来改变了传统的以课本为主教学方法，丰富了高校大学生理想信念教育方式和手段。现阶段，教育工作者要充分利用好新媒体教学方式，掌握好新媒体信息技术，结合传统的教学方法对高校大学生进行与时俱进的理想信念教育。面对海量的教育信息，教育工作者要最大限度地使用，吸收新媒体的前沿元素，通过制作视频、课件、音乐渲染等方式使理想信念教育变得生动有趣，多姿多彩。高校应积极打造网络教育平台，积极创建"慕课""翻转课堂"等网络共享教育平台，切实加强高校大学生理想信念教育。

（2）加强思想政治理论课教师队伍建设

塑造学生的价值观从来不是一件容易的事，它要求教师自身具备过硬的素质，既包括专业素质，也包括思想道德素质，第一点就是政治要强，让有信仰的人讲信仰。坚定马克思主义理论信仰，是思想政治理论课教师自身政治性的鲜明体现，是不可缺少的职业素质。以身教推动言教，以自身对崇高理想的追求去感染学生，引导学生，使教育润物细无声，从而提高理想信念教育的效果性。

思想政治理论课教师在思政教学环节中发挥着关键和主导作用。因此更要注重教师队伍建设，教育工作者要教育别人，首先要接受教育，成为有信仰的合格教师，教育工作者要坚定不移地信仰马克思主义。让思想政治理论课教师成为理论的掌握者，系统、实际地掌握好马克思主义理论，多钻读马克思主义经典著作。通过学习，更加坚定了切实增强"四个意识"、坚定"四个自信"，以新时代的精神统一思想、指导实践、推动工作的思想自觉、政治自觉和行动自觉，积极引领高校大学生理想信念的正确导向。

（3）不断增添高校大学生理想信念教育内容

高校大学生思想政治教育要紧紧围绕理想信念教育，随着新时期国内外政治形势的变化，新时期高校大学生理想信念教育的内容应与时俱进，切实以丰富内容提高学生的学习兴趣。

（4）创新高校大学生理想信念教育方式

让社会主义理想信念入脑入心，进而转化成高校大学生前行的力量并不是一件容易的事，它需要教育工作者运用多种方式深入浅出地传递马克思主义理论，坚定高校大学生理想信念必须要创新方式，将深刻的内容转变为质朴的道理，增强高校大学生理想信念教育的有效性。习近平总书记在学校思想政治理论课教师座谈会上的讲话中指出："推动思想政治理论课改革创新，要坚持灌输性和启发性相统一，注重启发性教育。"教育工作者应该在教学过程中科学地使用灌输法，坚持理论灌输，事例启发，使灌输法能够与时俱进，增强其效果性。

（5）重视家庭教育，发挥好家庭教育在理想信念教育中的基础作用

应充分认识到理想信念教育不仅是学校的责任，好的家庭教育会塑造正确的人生观、价值观的理想信念，坚持个人梦融入国家梦。家长的言传身教直接影响着高校大学生的成长，所以家长自身要加强道德修养，为高校大学生的成长起到榜样示范作用。首先，要积极学习，不断增长知识储量，以自身的身体力行给予孩子更科学的教育，打开视野，开阔眼界。还可以在闲暇时间陪孩子一起读书，交流读后感，尤其是读一些革命过程中涌现出的英雄人物的传记，共同学习他们为理想信念奋斗的精神。其次，家长要树立正确的理想信念，在日常生活中不仅要有小我，更需要有大我，心中饱含家国情怀，提高自身的思想道德修养，严格规范自身行为。

（二）高校思想政治教育的目标

思想素质目标。要坚定贯彻马列主义、毛泽东思想、邓小平理论，明确辩证唯物主义的思想，树立正确的三观，在生活中不断锻炼自己尝试运用马克思主义的方式进行思考和判断；培养集体至上的三观，批判享乐主义和拜金主义，明确个人利益要奉献于国家利益的思想，对建设富强祖国充满信心和力量，为祖国燃烧才是青春最好的正途。

道德素质目标。以集体利益为最高荣誉，个人利益要服从于集体利益，坚信团队合作的重要性和必要性；吃苦耐劳、勤俭节约，在生活学习工作中做到艰苦朴素，享乐在后；遵守法律，热爱国家，懂礼貌，讲诚信，为人团结和睦；积极进取，思想要具有正能量，用乐观豁达的心态面对生活，对于事业和学习要充满干劲，秉持着严肃认真的态度，能听进各方的意见和建议，吸取批评，努力完善自己的道德修养。

政治素质目标。对于我国的国史和国情要了然于胸，对于我国传统文化的优秀之处要加以发扬和继承，不忘初心，坚持共产党领导，继承先辈的革命斗争精神和传统，坚决维护祖国统一和团结，将祖国的利益和荣誉放在心中首位。具有献身祖国、报效人民的思想觉悟，坚定拥护党的领导和国家的政策方针，做忠诚的爱国主义者。

法纪素质目标。要致力于弘扬全民民主法治的风气，自发学习我国宪法，能够做到正确行使公民权利，维护公民利益，履行公民义务。要从根本上培养大学生的法律意识，教导学生做到自我约束、自我管理，能够运用法律武器做出正确的判断和决策。培养学生的勇气和承担挫折的能力，在内遵守校规校纪，在外遵守社会公德和法律法规，自觉主动帮助维护学校和社会的正常公共秩序，深刻领悟法治社会的建成需要每个人来努力，要让法治变为信仰融入大学生的思想道德教育中去，才能让思想转化为实际行动，让法纪素质教育贯穿始终。

心理素质目标。心理素质是一个人心理过程和心理特征的体现，是衡量每个人在情感、意志、性格、行为等方面的综合标准体系。要培养大学生形成坚强、自爱的性格，增强他们的抗打击和受压能力，使其具有比较好的自我调节能力，这将有利于大学生未来的工作、事业、婚姻、家庭等，保证他们在遇到挫折时可以不丧失勇气和信心，不断努力去改善困境，拥有良好的心态，从而拥有良好的人生。

第二节 高校思想政治教育理论基础

一、马克思主义的人学理论

（一）关于人的本质学说

人类社会是自然界发展到一定阶段的产物，是物质世界的高级运动形式和存在形式。辩证唯物主义和历史唯物主义通过对社会物质生产劳动的考察，揭示了人类社会与自然界的对立统一关系，丰富了对人的本质的认识。马克思主义关于人的本质的学说主要包括三个方面的内容。

首先，劳动是人类的本质活动。人是自然界发展的产物，是自然界的一部分。但人类社会产生之后又是一个不同于自然的特殊性社会历史创造过程。一定意义上讲，劳动是产生于人类之外的客观自然界与人的自然力相结合，因此，劳动是人和自然之间相互作用的物质过程。

其次，人的本质是一切社会关系的总和。物质资料的生产是人类社会存在和发展的基础，人类在物质资料生产过程中，不但要与自然界产生相互作用形成人与自然的关系，更重要的是，作为个体的人从一开始就面临着，无法独立进行全部的物质资料生产的问题，因此，在人类认识世界和改造世界的过程中，人与人之间必须彼此联系、相互作用，结成一定的社会关系。由此可见，没有人与人之间的这种"主体与主体"之间的相互关系，人与自然之间的"主体与客体"之间的"生产"关系将不复存在。"主体与主体"之间的相互关系影响着人类认识与改造自然的能力与水平。因此，人的本质不能局限在单个的自然人身上，必须从人类社会来进行发掘，而社会生活的全部内容就体现在人与人之间发生的社会关系上。

（二）关于人的自由而全面发展理论

马克思主义关于人的自由而全面发展的理论，为思想政治教育最终目标的确立指明了方向。马克思、恩格斯继承和发展了千百年来关于人类解放与每个人自由而全面发展的优秀思想成果，在人与自然和谐统一的物质观基础之上，阐释了人的社会本质及其人类解放的科学内涵。全面深入地研究了人类解放的现实条件和正确道路，为人类社会的未来发展和实现教育的最终目标指明了方向。

首先，人的自由而全面发展是马克思主义关于未来社会发展的理想目标，是科学社会主义的基本原则。关于人的发展与未来社会的走向问题，一直是中外学者所关注的焦点话题。中国古代的理想社会分别是"并耕而食""小康社会""天下大同"。道家的理想人格是：至人无己，神人无功，圣人无名；儒家的理想人格是："修身、齐家、治国、平天下"，君子"穷则独善其身，达则兼济天下"。

与一般的思想家不同，马克思、恩格斯适应社会发展的需要，在新的历史条件下创立了唯物史观，揭示了社会发展的客观规律，阐明了生产力和生产关系的矛盾运动是社会发展的根本动力，生产方式的变革是社会发展的决定力量。并运用科学的世界观、方法论，从商品入手研究了资本主义社会经济运行的基本规律，创立了剩余价值学说，科学论证了资本主义必然要灭亡，社会主义必然要胜利的基本原理。

其次，人的自由而全面发展包含丰富的科学内涵。人的自由而全面发展是马克思主义对未来社会人的生存状况和发展趋向的本质性规定。人的自由而全面发展包括了人的需要的全面满足、人的素质的全面提升、人的能力的全面发展、人的社会关系的高度和谐、人的个性自由得到充分展示。人的需要的全面满足既是对物质需要的极大满足，又是对精神需要的极大满足，其本质是社会的物质文明和精神文明达到高度发达的水平。人的素质的全面提升是指在未来的共产主义社会，每个人从自在、自为、自觉状态完全进入自由状态，实现人的解放。

再次，人的自由而全面发展实现的路径是人的"彻底解放"。未来的共产主义社会与人的自由而全面发展的实现需要一定的社会历史条件。其中，生产力的发展对人的自由而全面发展起着决定性作用。只有生产力发展达到了非常高的阶段，人们才能真正摆脱自然力和社会关系对人的束缚，使每个人的自由发展成为一切人自由发展的条件。这就意味着，人们在改造自然的过程中成为自然的主人，人们在改造社会的过程中成为独立自由的主体，人们在摆脱已有的思想观念束缚获取知识上成为自身的主人、成为思想自由的人。人类的彻底解放，标志着人类从必然王国飞跃到了自由王国。

二、中国传统文化中蕴含的思想政治教育元素

（一）中国传统文化中的"仁""德"思想

中国传统文化历史悠久、内涵丰富，其中不乏道德和德育思想。中国优秀传统文化为思想政治教育提供了丰富的素材。"仁"是《论语》中的重要概念，孔子把"仁"解释为"礼"的精神内核，孔子认为勇敢、忠诚、聪慧等都是"仁"，但"仁"又不仅是这些，"仁"是一个不包含具体内容的概念，孔子认为"克己复礼为仁""仁者爱人"，孔子对此做出了不同的解答。黄慧英认为："'仁'所具备的普遍性不仅不会在应用时令人忽略了实际情况的特殊性，反而正因为意识到每一处境的独特性，从而照顾到这些独特性。"[1]《论语》中的"德"有道德、德行、德性等意义，关于道德，子曰："泰伯，其可谓至德也已矣。三以天下让，民无得而称焉。"[2] 德行，广义的德行之行为状态，狭义的德行之道德的行为。德性即道德的品质。孔子认为最高层次的"仁"是超越具体德性的，由此可见，"仁"在孔子思想中占据重要地位，所以把孔子的道德思想又称为"仁德"。孔子认为，我们应坚持不懈地去追求它，要把它作为自己的最高道德理想，孔子认为立足于"仁"，才能拥有"仁德"的品质，只有面对艰难险途也不做违背道义之事的人，才能培养出"仁德"的品质。习近平总书记从中国优秀传统文化中汲取了丰富的营养，形成了自己独特的德育思想。十八大以来，总书记始终把立德树人作为学校教育的根本任务，突出德育在学校教育中的地位。总书记指出："全国高等院校要走在教育改革前列，紧紧围绕立德树人的根本任务，加快构建充满活力、富有效率、更加开放、有利于学校科学发展的体制机制，当好教育改革排头兵。"[3] 国无德不兴、人无德不立，我国教育必须始终坚持落实立德树人根本任务，培养出德才兼备之人。创新是一个国家兴旺发达的不竭动力，我国古代圣贤从未停止探究创新的脚步，创新思想被记录在我国文献典籍中。汤之《盘铭》曰："苟日新，日日新，又日新。"[4] 商朝开国君主成汤告诫世人创新是一个动态过程，创新的脚步是不能停止的，必须以一种革新的态度推动社会进步。当今世界日新月异，面对瞬息万变的时代，我们只有拥有创新能力，才能跟上时代的步伐，才不会落伍。

---

[1] 黄慧英.儒家伦理各层面的实践，载 儒家伦理：体与用[M].上海：上海三联书店，2005.
[2] 孔子及其弟子著 陈晓芬 译注.论语（中华经典藏书）[M].北京：中华书局出版社，2016.
[3] 习近平.习近平谈治国理政（第一卷）[M].北京：外文出版社，2018.
[4] [春秋] 曾参；子思著，王国轩 译注.大学·中庸（中华经典藏书）[M].北京：中华书局出版社，2016.

《易传》更是对创新做出了哲理性的概括，中国现代哲学家、哲学史家张岱年评价到："《易传》的'天行健，君子以自强不息。地势坤，君子以厚德载物。'这两句话在铸造创新精神上起到了决定性的作用。"[①] 创新思想流淌在我国古代建筑物、史学典籍中，翻涌在历史的长河中，创造了巨大的文化价值和社会价值。习近平总书记深受中国传统文化中创新精神的影响，深知创新对国家和民族的重要价值，对创新精神做出了大量的论述。总书记强调在新时期背景下，我们会面临更多困难与挑战，所以思想政治工作必须有所创新、有所突破。总书记强调，宣传思想文化工作必须坚持马克思主义的指导地位，不断推进理念创新、内容创新、手段创新，不断掌握规律。

（二）中国传统文化中的兼容并蓄思想

1. 兼容并蓄的哲学传统

中华民族具有悠久的历史，在上下五千年的历史长河中，创造了辉煌灿烂、博大精深、源远流长的精神文化。中国优秀文化沉淀着中国人民自强不息的精神追求，代表着中华民族独特的精神风貌，为社会的生生不息、民族的伟大复兴、国家的繁荣富强提供了丰厚的滋养。今天依然是我们推进改革开放和社会主义现代化建设的强大精神力量。"兼容并蓄"是中国文化的优秀传统，具有开放包容、平等共处、协调发展的文化基因与价值优势。自春秋战国时期以来，百花齐放、百家争鸣，各种思想不断涌现，彼此激荡。以孔子为代表的儒家思想家提出了"克己复礼""泛爱众而亲仁"的思想，主张建立以"仁"为中心的"过犹不及""和而不同"的"和""合"社会，强调"君子和而不同，小人同而不和"的人际关系。秦汉以后，天下殊途同归，中国进入了封建"大一统"时期。秦人招兵买马、广纳贤才，曾"西取由余于戎，东得百里奚于宛，迎蹇叔于宋，求邳豹、公孙支于晋"，终得富国强兵。王朝建立之后，"一法度衡石丈尺。车同轨。书同文字"。汉代倡导礼法，德行并重。后历经三足鼎立，天下久分必合。魏晋南北朝时期，玄学风行、个性张扬，是一个思想解放、兼容并包的时代。此时，佛教开始在中国大面积传播，出现了儒、释、道三教合一的趋势。进入隋唐时期，社会开明、经济发达，在文化领域形成了一种多元文化格局。唐文化的兼容并包不仅仅表现在对待诸多外来文化，诸如京城长安的景教、羌笛、琵琶、胡舞等外来文化元素上，而且兼容并包是唐代文化发展繁荣的一个重要特征。自宋明理学开始，中国哲学思想逐步走向了保守与衰落。程朱理学吸收了历代儒学的思想精华，强调"理

[①] 张岱年. 张岱年全集（第6卷）[M]. 石家庄：河北人民出版社，1996.

一分殊",使中国儒家思想形成了更加严密的"形而上学"概念体系。1644年清军入关,开始了清王朝268年的统治,满汉文化交流融合,交互共生。自鸦片战争之后,西风东渐,国难当头。诸多仁人志士提出了"中学为体,西学为用"思想,魏源在《海国图志》中提出"师夷长技以制夷"。民国时期,蔡元培先生担任北京大学校长时,他倡导"思想自由、兼容并包"的办学方针,对北京大学的发展影响深远。综上所述,中国传统文化中的兼容并蓄思想经久不息、历久弥新,充分说明中华民族是一个不断学习进步、不断转化创新的海纳百川的民族。

2. 有容乃大的君子人格

"为人处世"之学是中国传统文化研究的重点。《周易》中讲"天行健,君子以自强不息,地势坤,君子以厚德载物"。自强不息、厚德载物的思想,孕育着中华民族的宝贵精神品格,培育着中国人民的崇高价值追求。支撑着中华民族生生不息、薪火相传,使中华文明源远流长,绵延不绝。同时,"君子人格"是儒家思想所追求的为人处世的理想境界。"君子"一词在《论语》中属于高频词汇,一共出现了107次,君子人格伴随《论语》的流传而走入国人的心中。世界各个民族对个人优秀品格的追求如出一辙,英国人塑造了风度翩翩"绅士"形象,中国儒家传统思想文化对君子人格的设定内容丰富而广泛,包括了容貌、德行、学问、才思、情趣等等。其中有容乃大是"谦谦君子"的优秀品格,就是指君子的为人处世要胸襟博大、宽厚仁慈、谦虚谨慎、和而不同、兼容并蓄、博采众长。子曰:"君子坦荡荡,小人长戚戚"。就是说做人要像君子一样心胸宽广,视野开阔,从大处着眼,小处着手,而不能像小人一样,心胸狭窄、鼠目寸光、斤斤计较。子曰:"君子成人之美,不成人之恶"。意思是作为君子,要帮助好人广做好事,不助纣为虐帮助坏人做坏事。"君子乐见万物生,而不乐见死""小人乐闻君子之过,君子耻闻小人之恶"。子曰:"君子泰而不骄,小人骄而不泰"是指君子为人处世,态度端正安详、面容舒展而泰然处之,即使是位高权重也不骄傲自满,相反小人往往会志得意满、骄矜傲慢、盛气凌人,很难做到平和坦荡。这些至今依然活在中国人口头的君子格言,已经不同程度地成为中华儿女为人处世的生活信条,成为了人们做人做事的价值判断和行为准则。它以习用而不察,日用而不觉的形式影响着我们认识问题的视野、思考问题的角度,规范着我们处理问题的方式,调整着我们与人相处的态度、作风和格调。如同血脉一样流淌在每一个中华儿女的身上。

3. 兼济天下的家国情怀

儒家的"君子人格"重视自我的修身养性,但修身养性的目的是要正确处理个人与他人、个人与社会、个人与国家、个人与天下的关系。《礼记·大学》中讲"古之欲明明德于天下者,格物致知,修身、齐家、治国、平天下"。因此,君子必须具备"兼济天下"的家国情怀,做到"穷则独善其身,达则兼济天下"。这种思想为历代文人学者所推崇。孔子曰"君子喻于义,小人喻于利"。可见君子乐得其道,小人乐得其欲。在《孟子·梁惠王上》中提到"老吾老,以及人之老,幼吾幼,以及人之幼",意思是要孝老爱亲、尊老爱幼,要推己及人,己所不欲,勿施于人。楚国诗人屈原在《离骚》中讲:"长太息以掩涕兮,哀民生之多艰"。倾诉了诗人对人民生活的关切,终因报国无门,秦军入楚,山河破碎,抱憾投江。唐代现实主义大诗人杜甫在《茅屋为秋风所破歌》中写道:"安得广厦千万间,大庇天下寒士俱欢颜"。在秋风起、茅屋破,何以安生难以成歌的境遇下,诗人触景生情,推己及人,憧憬广厦万间寒士欢颜。表达了希望变革"朱门酒肉臭,路有冻死骨"的黑暗现实之崇高理想,是诗圣忧国忧民爱国情感的自然流露。宋代范仲淹在《岳阳楼记》中讲"先天下之忧而忧,后天下之乐而乐"。他将国家民族利益置于个人利益之上,将为国担忧、为民分愁放在个人安乐之前,表现出诗人远大的政治抱负和广阔的世界情怀。国家兴衰、民族存亡与每一个人的生计息息相关,面对"国破山河在,城春草木深"的凄凉境况,顾炎武在《日知录》发出了"天下兴亡,匹夫有责"的慨叹。孙中山先生则提出"大道之行也,天下为公",希望以资产阶级的民主共和替代封建皇帝以国为家、家国一体的专制统治。凡此等等都是"兼济天下"的家国情怀的具体体现。

三、思想政治教育接受规律论

接受通常被人们理解为认可、接纳的意思,有自发性接受、指导下接受和自觉性接受三种形态。思想政治教育接受的内涵是在接受的内涵的基础上发展而来,将思想政治教育活动理解为内化过程,忽略受教育者的外化。有学者将思想政治教育接受定义为:是接受者出于自身的内在需要,在接受环境特别是教育的影响下,对教育所传递的思想文化信息进行反映与择取、整合与内化、外化与践行的连续的完整的能动的活动过程。

这一定义将内化和外化结合起来,更深刻地反映了思想政治教育接受的内涵。思想政治教育规律是思想政治教育接受过程中的诸要素之间的本质关系,它是建立在接受过程的矛盾之中。对于思想政治教育接受规律的研究,学界从不同的角度出发有不同的观点,笔者更偏向学者徐永赞对该规律内容的阐释,即接受主体与教育主体的双向互动规律、接受主体定向期待与创新期待辩证统一规律、接受主体的能动性与受制约性辩证统一规律、思想政治教育施教过程与接受过程相互制约规律。

首先，教育者与受教育者构成一对矛盾，他们是双向互动的。教育者根据社会的要求有目的、有计划地对受教育者进行思想政治教育活动，但是在传授的过程中，受教育者不是处在被动吸收的过程，而是具有能动性。尤其是在教学进行到一定的程度时，学生对于教育内容的选择性和能动性更强，同时他们能否将教育内容外化于实践，也是受教育者能动性的主导。因此，在教学过程中，教育者和受教育者都处于主体地位，教育者是实施教学主体，受教育者是接受教育主体。利用这一双向互动规律育人，能够使教育者有效把握受教育者的主体地位，改变单一传授知识、忽略学生主体地位的教学方式。其次，教育者与受教育者之间存在定向期待与创新期待的辩证统一关系。在教学过程中，受教育者对教育者所传授内容对自己有益的期待是定向期待，而教育者对受教育者发挥能动性的期待是创新期待。在教学过程中，每个教师要主动了解所教学生的需求和期待，提高自身能力和修养，满足受教育者的期待。同时，教育者要善于发现和引导教育者的创新期待，促进其实现，从而调动受教育者的积极性和能动性，取得思想政治教育实效性。

再次，教育者要根据受教育者的需求进行传授知识，但是不能一味地去满足他们，而是要以改善和提高受教育者的主体性为目的，让他们自主地去接受、内化以及外化。在思想政治教育过程中，接受主体能够对教育者的传授内容进行自主选择和整合，同时其能动性也会受到社会环境和其他诸多方面的影响。因此，教师在开展教学工作时，要将学生的需求和社会的价值辩证地统一起来。最后，教育者的施教过程与受教育者的接受过程相互制约。教育者的施教过程制约着受教育者的接受方向和水平，教育者在社会价值目标的指引下，引导学生朝着这一价值目标进行发展，这就意味着各类教师在课堂教学中，不仅能够引导学生学习各门课程的专业知识，同时也能够引导学生的思想道德发展方向。当然，受教育者的接受过程也制约着教育者的施教过程，例如施教内容的难易程度、有趣性、实用性等问题都与受教者的接受相关。因此，思政理论课教师在授课时要从受教者的实际情况出发，关注受教者之间的差异、适应受教育者的心理特点；其他各类教师在教学过程中，要合理、正确地挖掘课程内容中所蕴含的思想政治教育元素，采取适当的教学方法，将二者有机结合起来，达到课程育人的目的。

第三节　新时期高校思想政治教育面临的挑战

一、国际形势带来的挑战

首先，经济全球化的发展使世界各国的政治、经济和文化都能够进行深入的交流，拉近与彼此的距离，将世界变成了一个能够相互联系和影响的整体。但是，东方国家和西方国家还是存在一定的差异性，包含在许多方面，无论是在意识形态方面还是在物质方面，都体现出一定的区别。

其次，伴随着科技的高速发展与进步。文化传播的速度日新月异，同时新兴的网络媒体与自媒体也让文化传播的渠道变得更加广泛与便捷。科技的进步让世界各国之间的联系更加紧密，文化的开放程度不可避免地让西方的文化和价值观潮水般的涌入国内，与国内传统文化与价值观进行激烈的碰撞。对大学生价值观的形成产生了或多或少、直接或者间接的影响。而且新时期大学生作为互联网下成长起来的大学生，其对文化与价值观念的接受范围也更加广泛，时刻面对文化之间碰撞带来的困惑与斗争，比较容易受到各种不良文化和思想观念的影响而导致盲目推崇国外文化。

二、国内形势带来的挑战

（一）市场经济体制带来的挑战

大学生的思想政治教育工作在一定程度上来说，是与某些经济基础相匹配的意识形态的工作。近年来，我国经济水平不断提升，社会经济体制发生了较大转变，意识也发生了很大的变化。这样的价值观念的冲击，对大学生起到了较大的影响，学生们在品德教育的重视程度上普遍低于对知识技能的认识程度，学生们在思想政治学习中很难提升学习的积极性，这成为高校思想政治教育中的一个挑战。

（二）科技发展变化带来的挑战

随着社会经济的不断提升，信息技术带来了飞速地发展，为人们的生活提供了较多的便利。其随之而来的是大量的信息传递，网络的发展让信息传递更加迅速和面积更加广泛。在这样的背景下，大学生的政治思想教育得到了更好的技术支持，知识的获得变得更加快捷，但与此同时，庞大的信息量也容易使辨别是非能力较低的学生误入歧途，因此，提高学生素养势在必行。

（三）国家教育方针带来的挑战

我国的国家教育方针开始转向了学生们的素质教育，对大学生的政治思想教育带来了两方面的影响，一方面，其为我们的教育提供了更多的空间和综合素质教育，促进了我们的教学水平的提升；而另一方面，其带来的是更加多元化的背景，各类教育目标罗列在我们的面前，我们需要不断地提升自己的教学素养，并且需要去正确地区分轻重缓急来进行学生们的教育实施，这对我们的教育来说增加了一定的难度，提出了较大的挑战。

（四）教育工作体系问题带来的挑战

在高校思想政治教育的实施过程中，教育工作体系对提升教育效果提出了一定的挑战。思想政治教育要面对的是学校以及教师等方面的教学思想认识和素养等方面的问题，这些也是当前我国高校教育中的弱势所在，对我国的教育起到了一定的阻碍作用。在日常的教育中要重视这样的教育挑战，将挑战转变为机遇，将弱势的教育问题有的放矢，积极扭转困境，从而对学生们的学习效果提升起到促进的作用。

第二章 新时期高校思想政治教育实践教学概述

本章为新时期高校思想政治教育实践教学概述分别从三个方面进行阐述，依次是新时期高校思想政治教育实践教学的内涵和目的、新时期高校思想政治教育实践教学的功能和价值、新时期高校思想政治教育实践教学体系构建。

第一节 新时期高校思想政治教育实践教学的内涵和目的

一、相关概念

（一）实践育人的含义

实践育人是高校思想政治工作的重要手段和途径，是贯彻党和国家高校育人政策的重要举措。2017年中共教育部党组颁发的《高校思想政治工作质量提升工程实施纲要》明确提出，将实践育人作为"十大育人"体系之一着重实施，推动高校的理论教育与青年的实践养成相结合，进一步提高高校实践资源整合能力，构建"党委统筹部署、社会广泛参与和高校着力实施"的实践育人协同体系，引导青年大学生在实践中增强实践能力、树立家国情怀。

实践育人是遵循个体成长规律和教育发展规律，以受教育者课堂获得的理论教育知识和间接经验为基础，将实践意识渗透到受教育者生活成长的各方面，充分发挥受教育者的主体作用，引导受教育者利用理论教育知识与生活经验完成特定的目标和任务，从而使受教育者知识水平提升、思想道德品质提高的一种教育方式，以及在此过程中总结形成的科学教育理念和具体可操作的方法。

（二）高校思政课实践教学概念

高校思政课实践教学是相对于高校思政课理论教学的教学形式，理解高校思政课实践教学涉及以下两个关键词语：实践教学和高校思政课实践教学。

关于实践教学的概念，根据《教育大辞典》的解释：实践教学是相对于理论教学的各种教学活动的总称。有学者指出：实践教学，就是通过各种实践活动，让学生能动地接触实际，来锻炼能力，提高觉悟，促进发展。由此看来，实践教学是和理论教学相对应的教学活动，它强调学生动手参与，是以发展学生能力为主的一种教学活动。

关于高校思政课实践教学的概念，它是实践教学的一种特殊形式，有着思政课的课程性。这也是其区别于一般的社会性实践教学的根本之处。但就思政课实践教学来看，学术界对此也一直存有分歧，主要有这样两种观点：从所涉及的范围来看，分别是狭义的思政课实践教学和广义的思政课实践教学。其中，学有者认为：狭义的思政课实践教学是指学生走出思政课堂进行实践教学活动。例如，参观革命纪念馆、志愿服务等，它以思政课堂这一场所作为主要划分依据，强调实践教学应在思政课堂以外来开展，更像是一种场所论。另一位学者认为：广义思政课实践教学是指除去理论教学之后的一切与发展学生动手动脑相关的思政课实践活动。它是相对于理论教学而言的，不仅包含思政课下的各种实践活动，同时也包括学生在思政课课堂之上进行的课堂讨论等实践教学活动。广义的实践教学没有场所的限定，以发展学生的各种能力为主，更像是一种功能论。

通过对相关文献资料的研读可以发现，狭义的思政课实践教学着重强调课堂外的实践教学，进而忽略了思政课上的实践教学。然而，广义的思政课实践教学不仅包含课外的实践教学，而且包含课堂中的实践教学。显而易见，广义的思政课实践教学内涵更加完善。因此，高校思政课实践教学更应该从广义上去理解，注重发挥其育人功能。

总而言之，思政课实践教学是在体现思政课程性的前提下，最具广泛性和价值引领性的教学方式。它以高校思政课教学大纲和目标为基础，让老师充当导演，学生充当主演，组织的一系列与思政课教学内容相关的实践活动。此活动以提升学生的综合素质为目标，让学生在实践活动中验证思政课上所学的基本理论，达到对基本原理的深化理解及应用，最终将其转化为自身精神世界的食粮，与此同时也可以提高学生的综合能力，培养学生的高尚情操，造就学生的良好德行，促进学生的全面发展。

二、高校思政课实践教学的基本特征

（一）实践性

实践性是实践育人区别于其他育人功能的本质特征。实践即参与操作，是人们的主观作用于客观的过程，是人能动地改造主观世界和客观世界的活动。一方面实践性体现在实践育人的能动性上，实践育人就是发挥学生的主观能动性作用于客观实践活动；另一方面，实践性体现在实践主体对客观世界改造的客观性。实践性体现在学生在第二课堂中充分参与实践活动，通过实践锻炼、道德养成的发展过程，是师生共同参与的教育实践活动。《国家中长期教育改革和发展规划纲要（2010—2020年）》强调：教育的实践性是马克思主义最重要的理论品质，即坚持一切从实际出发，理论联系实际，实事求是，在实践中检验真理和发展真理。实践育人要求青年大学生参与实践、凸显实践，在实践中成长成才。

（二）课程性

课程性这一特征是用来区分思政课实践教学与大学生的一般社会实践活动。高校里大学生课程众多，校园生活丰富，有各种各样的社会实践活动，这些活动都可以起到锻炼学生能力、提高学生素质的作用。但并不是所有实践活动都可以称之为思政课实践活动。思政课实践教学是隶属于思政课的一种教学方式，有鲜明的思政课程特征。它始终是围绕思政课的教学内容展开的，目的是为了完成思政课立德树人的目标。

（三）社会性

马克思人的本质理论提出，人就是在自身本质力量的基础上不断与外在世界发生关系，从而促进自身的发展和完善。人的本质理论强调人是在社会实践中不断发展的，社会性是实践育人的重要特征，是实践育人区别于其他育人功能的显著特征。《教育部等部门关于进一步加强高校实践育人工作的若干意见》规定的实践育人形式，具有强烈的社会属性。马克思主义观点认为：社会是人们相互交往的产物，是各种社会关系的总和。实践育人是大学生在参与学校组织的社会化实践活动的过程中实现自身社会化的过程。在实践育人过程中，大学生会广泛接触社会各类事物，大学生在发现问题、认识问题和解决问题的过程中学会与社会的互动，进一步开始自身的社会化进程。

(四)开放性

实践育人的动态过程和结果多样导致其内容和形式具有开放性。实践育人作为一个动态的开放性过程,相较于其他育人形式,其社会性和实践性决定了自身的开放性。实践育人是高校作为桥梁和纽带,主导学生主体参与实践活动,在此过程中需要社会力量的积极参与和共同作用,是一个开放的协同育人体系。实践育人从顶层设计上兼顾了理论教育与实践教育、校内实践和校外实践,在活动形式上实现了教育时间、教育空间、教育内容和师生关系的开放,推动教育实现从封闭到开放的转变。一方面,实践育人可以使学生跳出课堂理论教育的封闭性,根据自身的兴趣爱好和特长选择各种形式的实践活动,在发挥特长的同时接受教育,实现个人的全面发展;另一方面,实践育人可以使高校突破原有的校园文化活动、社团活动的传统安排,带领学生走出课堂、走向社会,在真实参与和体验中涵养道德、规范行为选择,达到育人目的。

三、思政课实践教学的意义

(一)有利于培养高素质技能型人才

1.培育大学生社会主义核心价值观

青年是国家的前途、民族的希望,应该注重社会主义核心价值观的培育。但由于新时期大学生生活在物资充足、条件优渥的年代,没有经历过新中国革命、建设、改革中的种种磨难。加之新时期大环境的种种改变,各种错误思潮的负面影响,使得正确价值观的培育遇到阻力。因此解决大学生正确价值观培育的问题刻不容缓。

以思政课微电影实践教学为例,思政课微电影实践教学有利于价值正面引领作用的发挥,高校可以运用这一实践方式来培育正确价值观。这种崭新的实践方式,能够让学生从心理上容易接受、行动上乐于付出、收获上大幅提高。一部具有价值性、思想性微电影的诞生,需要在每一环节上倾注大量的心血。因此学生在自己制作思政课微电影的过程中,首先,为了剧本的撰写需要搜集大量的资料并进行整理和理解,甚至有时也需要实地进行采访调研,这一环节可以培养学生鉴别信息和独立思考的能力,助推正确价值观的形成。其次,拍摄微电影时,学生通过亲身演绎,能够表达自我的真实想法、激发浓烈的爱党、爱国情感,培育社会责任感,用身边平凡人、平凡事引起共鸣、直击灵魂,使学生深刻领悟社会主义核心价值观。最后，在思政课微电影成片后，利用发达的网络对优秀的思政课微电影进行展播，增加互动性和感染力，发挥最大的育人效力，吸引更多的大学生参与其中，让社会主义核心价值渗透到每一个人的心灵深处。

2. 基于大学生的现实需要

大学生在实践过程中，参与程度越高，主体作用发挥越强，将会对思政课的认同感和获得感越高。新时期大学生大都思维活跃、动手能力强，有一颗迫切展现自我的心。然而传统的实践教学方式，如小组讨论、制作调研报告等活动，都容易忽略大学生内心的感受，削弱大学生的主体作用，让部分大学生只能被动地接受实践任务，从而减少对传统方式的心理期待。在思政课传统实践教学中，大部分学生只是一味地简单分析、甚至复制拼凑，像完成任务一般匆匆结束实践教学。长此以往，部分学生会对思政课形成因循守旧、空洞乏味的印象，甚至还会产生厌恶的情绪，更不会有获得感。

因此，思政课实践教学应该采用以学生为中心的方式来开展，让学生作为实践教学的主角来参与其中。思政课微电影实践教学就不失为最恰当的选择之一。思政课微电影实践教学以学生的实际需求为导向，以学生现实认知水平为准绳，关注学生在学习生活中的真正困惑，解决学生的真正问题。这种教学方法能够引起学生感情上的共鸣和思想上的碰撞，在整个实践过程中，老师作为导演，学生作为主角，充分释放了个性、展现了自我。思政课微电影实践教学不再只是单纯的"填鸭式""灌输式"学习，而是让学生"亲力亲为"，充分享受主动学习的乐趣，同时培养学生的问题意识，锻炼学生的观察能力、冷静分析复杂情境的能力，最终提升学生综合素养。

3. 实现大学生对知识的体验

美国教育家大卫·库伯描述了体验学习的循环过程："具体的体验——对体验的反思——形成抽象的概念——行动实验——具体的体验。"由此，我们可以看出，体验知识在学生学习新知识的整个过程中处于关键环节。然而，传统方式并没有很好地调动起学生的积极性，让学生全身心地投入实践之中。实践时大部分学生迫于学校和老师的压力，只是走马观花的草草了事，并没有真正地走脑、走心，更别说能够有所思考和启发。所以，发掘新型实践教学方式迫在眉睫。

由于互联网和新媒体的蓬勃发展，微电影应运而生。实践验证，微电影实践教学是体验式学习最好的辅助载体之一。在思政课微电影实践教学中，学生要想拍摄一部高质量的思政课微电影作品，要从这样几个方面做起，首先，他们要对思政课抽象的理论进行深入的理解和思考，这样才能保证所拍摄微电影的思想性。

其次，他们再结合自身对生活的所见所闻，将思政课抽象的理论与实际生活结合起来，找到二者链接的最佳契合点，进行主题的创作。最后，在拍摄过程中，他们自己亲身经历拍摄全过程，用行动对思政课的理论知识进行再一次的体验和感悟，使得自己的思想得到洗涤和升华。随着思政课微电影作品的完成，思政课的育人效果也能如期达到。

（二）遵循教育规律和大学生成长成才规律的集中体现

高校要在遵循教育规律和大学生成长成才规律的基础上完成人才培养的首要任务，培养出符合时代和国家需要的人才，实现高校教育的基本目标。

1. 思想政治教育实践育人理念

思想政治教育实践育人通过个体参与实践活动的方式，充分调动学生的积极主动性，实现知情意信行的深度融合，有效提升大学生的整体素质。教育环节与生产劳动相结合是重要的教育方式，也是高校思想政治教育的方法与基础。随着高等教育进入内涵式发展阶段，思想政治教育实践育人作为高校育人工作的重要组成部分，要不断促进大学生的全面发展，对于实现高校教育内涵式高质量发展具有重要价值。

2. 实践育人符合人才在实践中成长的规律

任何事物的发展变化都遵循相应的规律，人的成长成才也存在相应的内在规律。人才成长规律分为自身资源优势基础规律、实践成长规律、经验累积规律、环境磨炼规律等。人的实践成长规律是指人的成长成才是建立在实践的基础之上的，人们在实践中实现能力培养和素质提升。根据思想政治教育的规律，主体只有在实践中才能与客体发生互动，因此实践对于大学生成长成才具有重要作用。

高校思想政治教育实践育人工作必须遵循人的认识规律、教育教学规律和大学生成长成才规律，紧紧围绕高校思想政治教育工作的中心任务，切实增强思想政治教育实践育人工作实效。

第二节　新时期高校思想政治教育实践教学的功能和价值

一、高校思想政治教育实践教学的功能

（一）引领功能

1. 增强社会的责任感和使命感

青年学生是最有远大理想和抱负的一代人，他们也被称为中间力量，但是高校学生本身喜欢犯主观主义错误，缺乏对国情的了解，用理想的眼光去审视和看待社会和人生。所以平时有自视清高、品头评足的习气，可一旦遇到困难和挫折，马上就显示出信心不足，垂头丧气甚至急躁，混日子的情绪，缺乏对事情的冷静、准确地把握和应对重大变化的一种使命感和责任感。

高校在进行思想政治理论课教学时不能硬灌，而要转变思想，实行赏识教育和隐蔽性的思想教育，这样才能使大学生脆弱的心灵得以修缮，避免排斥、逆反心理的出现。如何才能把思想政治理论课教学的目的性隐蔽？就是要重视思想政治教育实践教学。具体来讲，高校可以通过实行十五天的军事训练就是要锻炼学生们的坚强意志，可以组织优秀学生和干部开展下乡支农活动，利用自己所学所长，帮助农民解决一些实际问题，从中也增强了同学间的协作精神。了解国情，激发学生的学习兴趣，防止用思想政治教育大网硬性笼住学生，只有他们真正所想、所感，自己动脑，他们才能够真心接受。用现实来"唤醒"学生，从而增强他们的历史责任感和使命感。

2. 树立牢固的社会主义信念

理想是奋斗目标，信念为人生发展提供动力，理想信念决定人们的行动方向。高校思想政治教育对崇高理想信念树立具有两方面意义，第一，对于学生来说，有利于做出恰当的角色定位，使自己朝着目标前进；第二，对于国家来说，国家的理想信念是无数个人的理想信念构成，大学生理想信念的树立，对于构建和谐社会，促进国家的发展具有重要意义。当前理想信念教育主要存在，教育接受性不强和社会环境复杂性两大挑战，这两大挑战导致理想信念教育的实现困难重重。

高校思想政治理论课教学的根本任务就是要适应 21 世纪人才需要，培养出全面发展的合格的社会主义现代化事业的建设者和接班人。为此，必须在社会主义市场经济条件下，帮助学生牢固树立社会主义理想和信念。在学校教育和思想政治理论教育中加强社会主义理想信念教育，仅靠灌输是不够的，还必须变单渠

道的教育为多渠道的网络化教育，通过智力服务型、劳务服务型、勤工俭学型和参观调查型等社会实践活动，形成社会、学校、家庭在学生思想政治教育上的合力，而这最佳的途径就是大学生社会实践活动，通过思想政治教育实践教学，使学生深入实践，在实践中进行自我发现、自我补救、自我发展和自我完善，从而在有所感悟的基础上，自觉树立牢固而坚定的社会主义理想和信念。

具体来讲，思想政治教育实践教学为理想信念教育的实现提供了实践条件，首先，针对理想信念教育接受性不强这一问题，通过参与实践使学生走出课堂，走向社会，能够真实地感受社会现实，激发实践主体的主观能动性，追求正确的人生目标，由此树立崇高的理想信念。其次，针对复杂的社会环境给理想信念教育带来的负面影响这一问题，通过思想政治教育实践教学活动也能够得到有效解决。当前社会环境复杂，享乐主义、利己主义等各种思想价值观念并存，在参与实践过程中，能够引导学生理性看待社会现实问题，对社会存在的负面问题，从质疑批判层面上升到认识问题的客观性，并能够主动思考解决问题，在实践体验中逐步树立起个人的理想信念。

（二）培育功能

1. 培养艰苦奋斗精神

艰苦奋斗精神是中华民族在长期发展中积累起来的优良道德品质。大学生艰苦奋斗精神的培养，既是中华民族伟大复兴对大学生继承和弘扬中华民族精神的客观需要，也是大学生迎接社会挑战的基本素质。道德素质的形成需要一个长期的过程。因此，思想政治教育实践教学是培养艰苦奋斗精神的必要途径。具体来讲，思想政治教育实践教学对培养大学生艰苦奋斗精神的作用主要体现在以下方面：

第一，思想政治教育实践教学有利于增强学生刻苦学习的实践体验。学生会在困难条件下参与实践活动，发挥着不同的社会作用，如开展扶贫、助农、助教等实践活动，有利于增强大学生的自主性，培养他们的艰苦奋斗作风。

第二，思想政治教育实践教学有利于大学生深入学习中华民族长期形成的艰苦奋斗精神，能使大学生在实践中更清楚、更深刻地理解艰苦奋斗的内涵，践行新时期的奋斗精神，为实现中华民族伟大复兴的中国梦做出积极贡献。

第三，有利于大学生在今后的实践中逐步将艰苦奋斗精神转化为自己的行为习惯，继续坚持和发扬艰苦奋斗精神，形成自觉把奋斗精神融入生活、工作、学习的习惯。

2. 提高社会适应能力

社会适应能力与各种环境因素相互联系、相互作用。参与思想政治教育实践教学的过程本身就是具有培育功能的活动，大学生参与思想政治教育实践教学包含对学生心理和生理上的准备和行为的准备。在参与课外实践活动之前选题的确定，参与实践活动具体过程中，以及在实践活动的总结汇报阶段，全过程都是一个适应性的过程，尤其是实践过程更是对提高学生社会适应能力有重要的作用。在这一过程中会发生很多意料之外的状况，如实践环境条件恶劣和实践工具欠缺、实践区域的社会成员不配合，以及自我准备不充分等情况，导致实践开展中存在重重困难。在遇到多种多样的新情景时，学生为了能够顺利完成实践任务，往往会选择接受现存的环境，如：在不可抗力情景和环境条件下，或是改变实践方案、或是做沟通与协调。总之，在新的情景中大学生会逐步改变自己先前固有的态度和价值观，接受并遵从新的情景和准则，主动为实现目标做出行为的转变，因而提高其社会适应能力。

3. 促进大学生的全面发展

思想政治教育实践教学的培育功能可以促进大学生的全面发展，具体来讲，主要包括以下方面：

首先，通过思想政治教育实践教学，大学生多重体验获得。大学生通过参与实践环节获得多重的精神和实践体验，在提升能力的过程中促进个人的全面发展。学生走出校园，走向社会，利用专业所学为人民群众分析、解决实际问题提供帮助和指导，在获得社会认可的过程中体现自我价值，大学生在实践体验中不断完善自我认知，从而实现认知自我、发展自我和完善自我的目标过程。

其次，思想政治教育实践教学能够促使大学生提升各方面的能力。一方面，通过参与社会实践活动，可以在实践参与中体验和检验课堂理论知识所得，加深对理论知识的理解、认识和内化。另一方面，大学生参与社会实践活动可以提升大学生的社会交往能力，引导学生在实践中发现问题、沟通认识问题、协作解决问题，提升大学生的综合素质。除此之外，在实践参与中能够实现价值升华，在实践体验中坚定四个自信，引导大学生成长为社会主义事业的建设者和接班人。

最后，思想政治教育实践教学能够促进大学生社会化进程。大学生在思想政治教育实践教学活动中走向社会，参与群众生活，实现个人与社会的交往，习得社会基本规范，促进个体社会化。同时，大学生在实践实践活动中增进对人民群众和国家发展前途的认知，把握时代和社会对个体的要求，能够促进个人理想与家国理想相融合，将个人成长与国家需要相结合，在服务社会和国家的过程中促进个体社会化。

(三) 激励功能

1. 自我激励教育

自我教育是指思想政治教育的对象受到外在社会环境的影响,由外在环境影响激励自我朝着好的方向转变的实践活动过程。自我激励教育对于个人人格完善、促进个人发展,增强个人生命的价值意义都具有重要作用。思想政治教育实践教学活动的自我激励教育功能可以总结为两个方面:

一方面,是对自我思想的激励教育。在思想政治教育实践教学中,实践者接触到有重大影响力的见闻,都会使参与者产生巨大的凝聚力和向心力,由此,对学生自我思想激励产生积极影响,激发巨大力量,在实践中实现自我教育。

另一方面,是对自我行为的激励教育,参与教学活动中,预设的实践目标、实践过程,包括对实践项目高质量、高要求的完成过程,同样也会转化为对学生日常行为的激励,进而转化为在学习和生活中严格要求自己,力求在各方面都能做到出色,焕发出巨大的教育的力量。因此,思想政治教育实践教学具有强大的自我激励教育功能。

2. 榜样教育

榜样教育法是我们国家惯用的一种引导社会良好风尚的教育方式,榜样教育法同时也是实践教学的有效方法。典型榜样教育将抽象的说理变成了现实,激起人们思想情感的共鸣,从而引导人们学习、对照和仿效。思想政治教育实践教学活动中,众多典型榜样为大学生榜样教育提供了素材和条件,为学生在实践中品德的养成提供了良好的载体和环境。大学生在参与思想政治教育实践教学中通过直接或间接对典型榜样精神学习,使学生自我教育的实现变为了可能。思想政治教育实践教学活动所具有的典型榜样教育功能体现在两个方面:首先,团队成员典型榜样对大学生具有效仿效应。

在教学过程中,大学生总是处于团队之中,团队中优秀成员的思想和行为会对周围参与实践的学生产生巨大的影响,在潜移默化中促使实践成员树立起向优秀榜样学习的意识。其次,实践中的所见所闻极易影响大学生,实践文化、环境中的典型榜样也会对大学生产生思想上的震撼和行为上的影响。如在实践中对革命英烈和对传统艺术文化的参观和深入学习,以及对传统文化艺术会使学生思想上产生巨大的触动。

（四）凝聚功能

1. 强化团队意识

通过思想政治教育实践教学增强大学生中团队意识主要体现在以下几个方面：一是大学生在参与思想政治教育实践教学活动时，有共同的指导思想和目标，参与的学生之间没有直接的利益冲突。他们之前的家庭背景、社会关系、专业知识偏好差异已成为次要问题。在实践过程中，通过协商沟通，形成相互尊重、合作进步的关系。二是参与实践活动可以让大学生走出原来的交际圈，与不同类型的人组成一个新的小团队，扩大社交圈，让务实的成员朝着共同的目标努力。三是为了及时有效地实现目标，大学生会积极服从组织的安排。此时，团队精神和合作意识是在实践活动中培养出来的。思想政治教育实践教学活动是团结成员的黏合剂，使大学生珍惜集体劳动成果，激发个人的集体奋斗意识和集体荣誉感，进而产生巨大的向心力，团队意识不断增强。

2. 增强爱国情怀

爱国主义是广泛而深刻的情感，是每个人都具有的对国家特殊的情感，爱国主义是团结各民族、稳定社会的一种精神力量，是中华民族伟大的精神凝聚力量。参与思想政治教育实践教学有利于增强学生的爱国情怀。具体来讲，主要包括以下方面：

首先，通过思想政治教育实践教学，使大学生参与调研、参观、宣讲等活动，身临其境用现实数据，更能了解国家辉煌的历史文化，感受国家取得的巨大成就，增强了对国家历史文化的认同，增进了对国家现状的了解，增强了爱国情感。

其次，思想政治教育实践教学过程也是对爱国主义品质弘扬和传播过程，参与实践中大学自身和服务对象都受到了具有爱国主义的教育，由此能更广泛地将爱国主义在社会中传播。总之，思想政治教育实践教学为爱国主义践行提供了场所，是大学生增强爱国主义的第二课堂。思想政治教育实践教学能够间接引导大学生自觉将个人利益同祖国命运结合起来，将实践转化为精神力量，激发了学生学习创造的热情，提升了工作学习的热情。

二、高校思想政治教育实践教学的价值

思想政治教育是提高大学生思想政治素质、培养合格的中国特色社会主义建设者和接班人的重要环节，也是高校综合素质教育的核心。思想政治理论课是高校思想政治教育的主渠道和主阵地。实践教学作为高校思想政治理论课教育教学

的重要环节，应该得到加强。因为这是时代发展的客观要求，是提高思想政治理论课实践教学实效性的必然选择，是促进大学生全面发展的必然要求。

（一）实践教学是时代发展的客观要求

进入21世纪，我国的经济取得飞速的发展，不论是人均GDP，还是外汇储备，都有着令国人欣喜的增长。但是，随之而来的社会重大变革使我国高校思想政治理论课教育面临着前所未有的复杂情况和巨大挑战。享乐主义、拜金主义、极端个人主义等资产阶级腐朽思想悄然潜入，而诚信缺失、信仰危机、情感淡漠、心理脆弱等也逐渐侵蚀着当代大学生的心灵。作为肩负培养大学生良好政治思想道德素质重任的思想政治理论课，必须及时地掌握大学生的思想动态，了解在这样一个历史与现实、传统与现代、本土文化与西方文化等多种因素交织在一起的复杂社会背景下大学生的困惑和迷茫，有针对性地引导他们解决这些社会重大变化给学生们思想上带来的种种强烈冲击和所出现的问题。自然地，实践教学就充当起了这样一个举足轻重的角色。它为当代大学生创造了这样一个实践的平台——让大学生深入到社会现实中，只有这样才能让大学生在改革开放的浪潮中体味思想政治理论课的深刻内涵；才能在实践中向广大的社会主义建设者学习并逐渐摸索如何在面对现实问题时采取科学的态度；才能从根本上认识问题的根源、发展、演变及其多变的表现形式；才能发挥自身的主观能动性，结合课堂上教师讲授的系统理论知识去分析问题，做出科学的判断，最终找到解决问题的方法，并采取符合社会道德规范的行动，将自己培养成合格的中国特色社会主义建设者和接班人。而这一过程绝不能由教师一手"包办"下来。否则就是用粗暴的方式束缚了学生们的主观能动性，剥夺了他们观察与思考的权利，最后的结果必然是学生们只能机械地记忆，对社会问题的理解出现偏差或一知半解，对遭遇到的社会问题缺乏科学的判断，从而导致采取错误的行为。所以，我们必须加强并优化思想政治理论课的实践教学。

（二）实践教学是增强思想政治理论课实效性的必然选择

长期以来，思想政治理论课教学基本是教师——教材——粉笔——黑板的线形教学形式。这种传统的教学形式，虽有一定的效果但是并不理想。随着社会现实的变化，尤其是青年学生参与意识的增强实践证明，思想政治理论课教学要有更理想的教学效果，关键还在于使学生爱学、想学、好学。要达到此目的，需要从多方面改革教学内容和方法，要运用直观教学、愉快教学、情景教学等形式，通过让学生积极参与，使他们由配角成为主角，调动其学习的主动性与积极性。

（三）实践教学是思政理论课改革的依托和抓手

拓宽高校思政教育的发展渠道与路径，积极推动社会实践与思政理论教学的有机融合，能够通过立体化、多元化的方式，使思政教育更好地融入学生的学习中、生活中及职业发展中。尤其在新时期背景下，高校应紧密结合思政教育的内容特征、形式特征及思想内涵，使思政教育呈现出全新的发展特点，使其在教学改革的过程中，更契合学生的认知规律和成长诉求。实践教学能够通过社会调研、独自探究及小组合作的方式，培养学生的实践能力、创新精神及社会责任感，帮助教师更好地提升学生的思政水平。而注重实践教学模式的建构与应用，能够形成多维度的思政教育范式，使思政教育更加亲近学生，融入学生，渗透到学生生活的不同侧面，使思政思想得到更全面的展示。特别在素质教育的背景下，加大实践教学的力度，能够帮助教师从不同的角度，解析和巩固思政理论知识，改善学生对思政理论课刻板僵化的印象，进而引导学生慢慢喜欢思政、热爱思政，成为思政理念的传承者与继承者。

（四）实践教学是促进大学生全面发展的必然要求

第一，实践教学有利于提高学生分析问题、解决问题能力，培养他们创新精神、创业精神。思想政治理论课教育是一种思想理论教育，当然要注重理论的讲解、观点的引导，使学生掌握理论，但学习理论贵在学以致用。一方面要培养学生分析问题、解决问题的能力；另一方面要培养他们创新精神、创业精神，自觉地将自己的聪明才智贡献社会，服务人民。要达到这个目的，就必须面向社会现实进行思想政治教育。而对大学生加强思想政治教育的目的不仅仅在于使他们在校园有良好的表现，更重要的是使他们毕业后在社会上有良好的表现。

第二，实践教学有利于解决大学生的思想困惑，促进其走向成熟。随着经济的发展，科技也在不断进步，现阶段进入互联网时代，我国大学生一边享受着科技发展带来的方便快捷的生活，另一边，网络上的各种言论也在对学生的世界观、价值观、人生观、道德与情操进行着冲击与考验。面对这些在大学生中常见的问题，解决的突破口就是实行思想政治理论课实践教学。通过思想政治实践教学活动，使学生走出课堂，融入学校和社会中去，体验各种实践活动，在活动中履行道德规范，让学生自己教育自己，自己说服自己，使学生体味中华五千年灿烂文化传承的优良道德规范，自觉地将其运用在现实生活中，真正做到"知行合一"。

第三节　新时期高校思想政治教育实践教学体系构建

一、高校思想政治教育实践教学存在的问题

（一）二级管理机构构建不合理

思政实践教学模式是影响到思政理论教学的质量与效率的关键和抓手，不仅需要高校职能部门与领导部门加强对思政重要性、特殊性、教学地位、课程规律及实践特点拥有足够的重视。还需要高校拥有较为明确的管理组织机制，以此为思政实践教学活动的开设与落实提供支持。其中职能部门与高校领导对实践教学的重视程度关系到组织管理机制与体系的建设质量，而思政实践教学的管理机制，也从侧面反映了高校及部门对思政教学的重视程度。然而现阶段，我国部分高校还存在领导部门、职能部门对思政实践教学缺乏足够重视的问题。导致思政教学质量与效率受到影响。而在管理机制的层面上，我国高校有关思政理论教学的管理主要有以下两类：首先，根据相关文件规定，构建二级管理机构，并使其拥有相应的管理职权，以此管理思政教育的所有环节。其次，迫于抽查与检查的压力，高校虽然构建了二级管理组织。然而在实际的运营管理中，二级组织通常是"多块牌子和一套班子"，即该机构不仅管理思政教育，还管理其他学科的教学工作。最后，高校虽然构建二级机构，但相关的思政课程却不归该组织管理。

（二）实践教学环节不够清晰具体

我国大部分高校，都将思政理论课融入学生的实习实践、社会实践、社团活动及志愿活动中，通过这类社会实践工作，帮助学生巩固思政理论知识，提高学生道德素养，并给予相应的评价。然而在学生课表中，却难以发现任何形式的实践教学安排，即没有任何形式、地点及时间上的安排，甚至部分院校即使在课表上进行了相应的安排，但在实践教学的过程中，还是难以得到切实的落实。通常来讲，思政实践课环节在学分、学时的基础上，还需要有考核、操作、规范、课表及计划层面的要求，唯有如此，才能让思政实践教学更系统、体系、独立，才能让学生在思政实践教学的过程中获得成长和发展。然而由于思政实践教学环节不够清晰、不够具体，甚至存在缺失的问题，导致思政实践教学，难以得到有效的发展和提升，进而导致思政理论教学的质量与效率受到影响。

(三) 实践教学缺乏必要的发展条件

思政实践教学活动的开展与落实需要有明确的时间和地点安排，需要高校在实践教学过程中有资金与财力上的投入。然而我国大部分高校在开展思政实践教学的过程中，却存在诸多的教学问题。首先，在学时安排上，不够明确，导致教师难以将实践教学融入理论教学的不同环节中。其次，学校投入不够，部分高校由于缺乏对思政实践教学工作的重视，导致实践教学的投入相对较少，致使各项实践教学活动难以充分而有效地开展。再次，缺乏实践基地或实验室，虽然我国高校拥有实践基地和实验室，但通常是与学工部、校工会、校团委共同使用的，并没有构建针对性、系统化、专门化的思政实践教学基地。最后在师资队伍上，高校在思政实践教学中，通常是由教研室主任来负责的，并没有构建较为科学合理的思政队伍。在某种程度上可以说由于我国高校在思政实践教学上缺乏必要条件，导致实践教学的质量与效率不尽如人意。

二、高校思想政治教育实践教学体系构建路径

(一) 实践教学目标体系建构

1. 实践教学知识目标体系建构

没有知识就没有发展，知识是人类进步和提高的重要载体。传授知识是作为所有类别的课程教学安排中的基本内容。任课教师通过合适的教学形式和教学手段将理论知识进行细化和分类，帮助学生理解并消化。不同类别的课程即使在教学手段上有所区别，但是具体的教学目标是有共性的。建立实践教学知识目标体系，是实践教学有效开展的运行起点。

2. 实践教学能力目标体系建构

传授知识固然是高校本科生思想政治理论课实践教学的重要目标，但是在传授理论知识的同时更应该注重培养学生的实践能力。实践教学更强调"授人以渔"。因此，建构实践教学能力目标是帮助学生从书本理解转向现实应用，从理论学习过渡到实践操作，是帮助学生全面发展的重要依托。在实践活动中，学生通过数次的体验和经历积累一定技术和技巧上的经验，不仅能够提升表达能力、组织能力，判断能力，还能提高自身的生活技能。与此同时，实践教学作为一种具有探索性和启发性的活动，在满足学生探求知识的同时，还能够培养学生的创造能力。这就实现了在学以致用的基础上转化为从理论到实践再到理论的升华。

高校思想政治理论课实践教学一定要让学生认识到书本上的知识只有同实际结合起来，才能真正地理解理论，才能真正地提升自我，实现自我发展。

3. 实践教学情感态度价值观目标体系建构

思想政治工作本质上是做人的工作，思想政治理论课实践教学更应在学生情感、态度、价值观培养上下功夫。第一，注重价值观的教育。高校思想政治理论课作为培养大学生的主阵地，对学生价值观的形成有着非常重要的影响。思想政治理论课实践教学在此过程中不仅能深化价值观的引导教育，同时还能促进大学生将符合社会主义核心价值体系的正确价值观内化为思想觉悟，外化为行为举止，并形成良好的行为习惯。为此，要发挥好思想政治理论课实践教学的价值引领作用。

（二）实践教学内容体系建构

1. 适应教育

第一，关于适应大学学习的实践教学。大学阶段的学习无论是知识的广度还是专业的深度相比于中学的学习都大大增加，在生活习惯方面，也需要同来自五湖四海的同学相互适应。大学生需要提升自身适应能力，树立自立自强、自信自律的生活意识。大学生活的中心内容是学习，大学生应该尽快适应大学阶段的学习形式和学习内容，同时教师应帮助新生树立自主学习、全面学习、创新学习、合作学习、终身学习的学习理念。

2. 思想教育

第一，关于坚定理想信念的实践教学。在理想信念理论教学基础上，通过主题辩论、小组讨论、影视剧赏析、红色基地参观等实践教学活动，引导大学生坚定共产主义远大理想、中国特色社会主义共同理想，信仰马克思主义，坚定"四个自信"，将个人梦融入中国梦，并为之不懈努力。作为当代大学生，我们生活幸福美满，享受着丰富的教育资源。我们应该反思总结，应该牢记革命前辈的壮举，学习发扬毛主席的伟大精神，做自己，做好自己，做好作为中国发展推动力量的自己。第二，关于爱党爱国的实践教学。当代大学生在新的历史条件之下，应以更加严格的标准要求自己，内外兼修，做一个坚定的爱国主义者，这既是大学生的基本义务，也是作为时代新人的必要条件。教师应该在实践教学的过程中加强关于爱党爱国的实践教学内容，加强对大学生爱党爱国意识的培养。教师可以在课堂上播放红色影视作品或纪录片，让大学生了解革命先辈的伟大成就和光辉事迹，深度了解中国共产党，激发起心底的感恩和敬佩之情。

3. 道德教育

第一，组织开展道德教育活动。坚持将道德教育活动与实际生活相结合，如组织学生到贫困地区了解现状，进行扶贫、扶志、扶智的活动，重温入党誓言，观看我党形成初期的纪录片或影视作品，开展"传承文明"的实践活动等，能更为有效地激发学生的实践教学兴趣和参与意识，强化道德认知和道德情感。

第二，加强道德教育阵地建设。道德教育阵地建设是开展道德教育实践活动不可或缺的重要平台，是整合社会资源开展道德教育实践教学活动的重要措施，能切实增强道德教育实践教学现场感、情境性、体验性、触动性。如与政府联动合作创办爱国主义教育基地、抗战精神教育基地、红岩精神教育基地、"两路精神"教育基地等。

第三，组织开展志愿服务活动。将不同学科、不同专业、不同地域的学生融合在一起，共同开展志愿服务活动，让更多学生在志愿服务中培养道德情操和道德实践能力，并为社会做出力所能及的贡献，传递正能量。

4. 法治教育

第一，增强法治观念。大学生要增强法治观念，必须积极投身到全面依法治国的伟大实践，在实践中增强坚持走中国特色社会主义法治道路，坚持党的领导、人民当家作主与依法治国相统一，坚持依法治国与以德治国相结合的自觉性。

第二，培养法治思维。培养学生法治思维要从法治价值和法治精神两个维度对学生进行正确的引导和锻炼，实践教学有助于大学生提升自身的法律意识，坚持法律原则，遵守法律规则，运用法律方法，理性合法地思考和处理现实问题。

第三，尊重法律权威。所谓法律权威是指在社会生活中，法律具有特定的影响力和公信力，公民有义务维护法律的尊严。可通过旁听、专项调查等方式引导学生尊重法律权威。

第四，依法行使权利与履行义务。大学生要在教师的正确引导下，明确作为公民可以行使的权力以及必须履行的义务。既要尊重他人的权利，也要珍惜自己的权利，既要严格要求自己履行义务，也应该督促周围的同学共同履行义务。

（三）实践教学管理体系建构

1. 完善机制

在新时期背景下，高校要想构建较为科学的组织管理体系，形成动态的思政管理机制。就需要提高对思政教育及其实践教学的重视程度，由上而下地做好思政教育宣传工作，帮助各级管理者、负责人及职能部门，明确思政实践教学在思政教学改革中的功能和作用，从而为高校建好思政教育管理机制，奠定基础，提供条件。其次，高校应构建一个由校长、党委书记任组长、涵盖团委、宣传、学工、教务、人事等部门的思政理论课领导小组，使高校所有的教育资源整合起来，提高思政实践教学的实效性和有效性。再次，在领导小组构建的过程中，高校应确保二级机构承担思政实践教学的督促检查、计划安排、资源协调、方案设计、基地建设、教材建设及课程构建等责任，并通过构建思政实践中心的方式，为实践教学活动的开展与实施提供保障。最后，根据思政实践教学的具体要求及基本目标，调动学生参与实践活动的积极性。即赋予学生组织开展学生反馈、学生联络及材料收集等工作的权利，以此形成上下联动的思政实践教学活动开展机制。

2. 统一流程

基于高校思政教育在开展环节上存在不清晰、不具体的问题。高校需要从操作与流程等层面上，提高思政实践教学的有效性和实效性，使思政实践教学更加清晰，更加系统。通过制度制定的方式，帮助教师明确实践教学的考核方式、授课形式、实践地点及教学目标，使教师能够根据相关的操作，更好地开展思政实践教学活动。高校还应结合思政理论教学的特征，制定总体规划与阶段目标，让思政实践教学"有方向""有依托"。而在流程上，高校应在做好专门管理、领导机制及顶层设计的前提下，引导教师将教学内容的普遍性与科学性体现出来，根据实践教学活动，统一流程，让思政实践教学活动更加规范、更加合理。进而帮助学生在实践教学的过程中，获得成长和发展。此外，高校还要明确思政教育与勤工俭学、社团活动、实习实践的区别，要在明确实践目标的基础上，将思政实践教学的课程融入其中，使思政教育内容更好地渗透到不同社会实践活动的开展过程中，以此形成系统的整体。

3. 完善条件

首先在保障条件的层面上，高校要想切实地提高实践教学的质量与效率，就需要完善实践教学开展所需要的条件，使实践教学活动得到更好、更有效地开展和落实。其一，高校应给予思政实践教学充足的时间安排，要以规定的形式，明确实践教学的开展时间及课时。其二，高校应为思政教师开展实践教学活动提供充足的财政支持，即结合具体活动提供不同程度的教学经费，使实践教师的劳动报酬与工作量得到肯定。其三，要给予音像资料、图书资料、设备、场地等物质保障，要构建相应的实践教学资料库或存储中心，通过购买多媒体、DV、电脑等设备，提高资源的供给与存储质量。其四，要构建较为科学的师资队伍，不仅要有选拔机制，还要有培训机制，以此使师资队伍成为高校开展实践教学活动的基础和抓手。其次，在实践基地的整合与拓展上，高校应结合自身的资源优势，构建针对思政实践教学的实验室或实践基地，如新农村基地、爱国主义基地等。然而在资源整合的过程中，还需要高校确保基地建设的专门化与系统化，以此提高实践基地建设的实效性。

4. 完善管理制度

第一，建构完善的制度管理体系，是保证实践教学顺利展开的重中之重。高校应该上下一心，领导层面、管理层面、实施层面应当环环相扣，紧密结合。例如，学校教务处应该明确责任划分，在制定管理制度时，既要牢牢把握立德树人的教育目标，又要符合实践育人的总要求和总任务。要根据学校自身的具体情况，结合学生的质素和能力，同思想政治理论课实践教学培训指导中心一同制定具体的、可实施的工作计划和课程计划，建立与时代相适应的实践教学管理制度。切实落实实践教学的教学大纲和教学任务，落实实践教学的专项经费，落实实践教学的结果评定，协助毗邻高校之间的联动配合，协助高校实践教学基地的挂牌建设等等。依据目前的现实情况来看，部分高校存在一些散漫的现象，实践教学活动没有方向性和导向性，出现混乱的现象。因此为改善这一现状，高校着实应当建立实践教学的管理制度和管理体系，以保证实践教学的有序性和有效性。

第二，细化学校各相关职能部门的具体工作任务。思想政治理论课实践教学绝不仅仅是马克思主义学院的任务，而且是整个学校在培养学生的过程中需要共同完成的任务。因此，学校各级领导应当同心协力、众志成城。例如，学校宣传部、校团委以及学生处等相关部门联动配合，共同促进实践教学的顺利展开。在实践教学活动的具体安排中，学校各相关部门、相关领导应与思想政治理论课实践教学培训指导中心共同协商，特别是关于实践教学基地建设问题、指导教师培养与选配问题、不同学院学科的学分设置问题等。既要达成实践教学的目标，又不能因此增加学生的课业负担。

第三，明确实践教学经费管理制度。学校的财务处应该明确经费的管理制度，包括具体的报销规定、开支明细等等。并且随着实践教学的完善与发展，学校财务处应当在教学设备和资料书籍等方面给予支持。

（四）实践教学运行体系建构

1. 课堂实践教学运行体系建构

第一，组织开展学生讲坛。开展学生讲坛的主要形式是撰写演讲稿与学生演讲相结合。通过这种实践教学的形式不仅可以激发学生交流互动的能力，提升学生主动思考的能力，还能够鼓励学生从生活和学习出发，将有价值的观点与思政课的学习相融合。同时还能够通过撰写演讲稿提升学生的学术功底和写作能力。

第二，组织开展情景模拟。情景模拟活动即教师根据实践教学内容和目标要求创设一定的情境，进行社会问题再现，组织引导学生参与模拟的一种实践教学活动。情景模拟不同于学生讲坛，这种实践活动的形式更加贴合实际生活，并且在进行实践教学的过程中，需要借助一定的工具和手段，使教学情境更加逼真，更能增加学生的参与感与获得感。情景模拟的形式具有创新性、仿真性、实践性和开阔性的特点，是帮助学生提升实践能力、创新能力、应变能力的重要途径，同时也能够强化学生的观察能力、操作能力，有效地将理论知识灵活地运用于实践。

第三，组织开展专题研讨会。教师依据教材内容和学生的实际水平设定专门的问题情境，以此来丰富实践教学的内容和形式，促进学生的多元化发展。在进行专题研讨的过程中，教师首先要对实际生活中出现的问题进行全面的、系统的了解，继而针对问题采取引导的方式引发学生的思考和讨论。专题研讨会重点在于突出学生的主体性，学生通过对已有知识的理解和运用，积极思考和讨论老师的提出问题并得出自己的答案，教师对学生给出的答案进行点评和补充，帮助学生更好地吸收相关理论知识。

2. 校园实践教学运行体系建构

第一，组织开展校内调研。校内调研主要是指学生以校园环境为实践背景，通过问卷调查、专家访谈、咨询采访等方式，围绕实践教学主题，收集与主题相关的各项材料并加以整理，经过小组讨论之后得出结论，进而针对出现的问题分析其内在原因，并提出解决方案。

第二，配合相关单位开展第二课堂活动。第二课堂活动是对第一课堂的补充深化、拓展延伸。大学生充分利用课余时间在学校内外进行实践教学活动，一方面可以丰富课余生活，另一方面也能够提升社会实践能力，加强政治素质和道德素质。第二课堂涵盖的内容十分丰富，包括校园宣讲、专题讲座、社会调查、公益活动等，这也是开展思想政治教育实践教学的重要渠道和优势，即重点突出实践活动的思想政治教育导向性、方向性和全面性，让每一个参与实践教学的同学都能深刻理解社会主义核心价值观，并付诸实际行动，这也是校园第二课堂实践教学的真正意义。

第三，要结合本地方的特色和实际情况，开展多样特色的校园文化活动来辅助思想政治课教学的开展。结合传统文化和红色文化等等，开展文化大课间操、节日活动，举办一些爱国主义、民族团结、诚信、理想、孝道等与思想政治课程内容相关的演讲比赛、知识竞赛等活动，增强学生的自主参与意识，开设文化社团，丰富学生的校园文化生活。

3. 社会实践教学运行体系建构

第一，学校要结合本地方的现实条件，拓展校外教学实践平台，组织一些相关的校外实践活动，让理论与实践相结合，使学生在实践中感受和体会所学知识，丰富学生的课外生活。例如，与本地方的博物馆、抗战纪念馆、民族英雄故居、民族文化遗产传承中心、法院、社区等一些社会机构建立共同教育平台，定期带领学生实地参观和考察。如果没有这些实践教学平台，则可以利用自身优势，带领学生走出校门，参与社区服务，带领学生参观大自然的美好风光，让学生感受大自然的魅力，感受生命的多样性。

第二，组织开展基地实践。实践教学基地是帮助学生真正离校参与实践活动的重要平台，也是培养实践能力、提高思想政治素质的重要场所。高校要合理开发利用地方资源，发挥地域资源优势，提升实践教学内容，并鼓励学生接受点对点、面对面观念的洗礼。

第三，组织公益活动。开展社会公益活动是我国一贯支持的善举。组织引导学生捐赠物资和资金，组织学生开展社区服务、宣传环保、慰问孤寡、救助流浪儿童、社会贡献等，不仅能激发学生的积极性，努力学习和进步，也可以培养回馈社会、贡献社会的良知和能力。

第四，组织志愿服务活动。依托志愿服务活动开展思想政治课实践教学，可以保证学生参与实践教学的全面性和综合性，帮助学生有效地应用专业知识，灵活地提高学生理论联系实际的能力，培养学生为社会和人民服务意识在组织和开展志愿服务活动时应注意以下几点：一是要结合所学专业的特点，在实践教学中充分体现专业；二是要承担志愿工作，服务活动要有条不紊、有计划、注重安全使实践教学志愿服务活动能够安全开展；三是保证志愿服务活动的有效性和针对性，避免仪式性和深刻性探索志愿服务活动的本质。

（五）实践教学考评体系建构

1. 考评体系建构原则

第一，实践教学考评要遵守民主性原则。实践教学的参与方较多，对学生的考评要听取多方意见，最终形成综合考评意见，包括指导教师的考评意见，学生的自评和互评，涉及实践教学接收单位的，还可听取实践教学接收单位的考评意见。

第二,实践教学考评要遵守激励性原则。实践教学的丰富性和多元性决定了实践教学的考评要有一定的激励性。通过激励性的考评方式能够帮助学生充分感受到自己的进步和发展,从而提升对实践教学的投入热情。因此考评时应注意恰当使用鼓励性、赞扬性、肯定性的语言,以达到激励的目的。

第三,实践教学考评要遵守导向性原则。实践教学的过程本身就是遵循着导向性原则,在具体的考评环节中依然坚持导向性的原则。在考评的过程中,要引导学生在参与实践教学的过程中始终坚持正确的认知,并以积极的态度参与实践教学活动。实践教学考评可以明确奖惩的界限,通过奖惩分明的方式可以完善实践教学的规范性,对于表现优异的同学采取正面评价和认可的态度,对于不能达到教学目标的同学应当给予严厉批评,修正其态度,肃清不良风气。

2. "三个结合"考评体系

第一,结果考评与过程考评相结合的方法。实践教学重在过程,所以实践教学的考评不能只进行结果考评,还要重视过程考评,两者必须有机结合。结果考评是在大学生完成实践教学任务之后,以教学的成果进行评定。进一步讲,教师要以学生的调研报告或者实践总结等相关作业为依据,对学生进行考评。结果考评的优点在于操作性强、可行性强,依据一定的评价标准能够形成相对公平、客观的评定结果。当然,这种评定方式也存在一定的弊端,例如忽视了学生在实践活动的过程中取得的阶段性成就,或是在相对进步的表现。过程考评是指教师在实践教学过程中通过观察的方式来评定学生的各种表现,包括实际操作能力、情感融入、价值态度以及实际收获等。在各个环节中都设定过程考评,有利于学生在实践教学中提高严谨性和端正认真的学习态度。但是过程考评在进行中难度系数较大,需要设置细致的考评要求,并且需要教师能够做到全面与个体相结合,注重学生的知行统一。

第二,定量考评与定性考评相结合的方法。依据实践教学的实践性,实践教学的考评方法不仅要重视定量考评,更要重视定性考评。所谓定量考评是指以考评内容和考评标准为形成依据,以计分的形式对实践教学的结果进行形成性评价。所谓定性考评则是指在学生完成教学任务时获得一定的等级评价,包含教学过程和教学结果两个方面,教师对学生做出定性的评价。这种评价方式一般可分为"优秀""良好""中等""及格"和"不及格"这五个等级。这两种考评方式是内在统一、相互联系的,二者可以进行相互转化。这两种考评方式相结合能够让学生对自己的学习成果有更进一步的认识,能够帮助学生在后续的学习中自行设定符合自身实际的教学目标。

第三，教师考评与学生互评相结合的方法。传统意义上教育的主体是教师，客体是学生，但是随着教学的不断改革，学生的主体地位已经日益明显。教师必须要对学生有严格的要求，这既是保证教学的顺利进行，也是保证学生受到的影响是积极正面的。同时，教师对学生的考评是站在教育者与被教育者的角度，增加学生之间的相互考评能够拓宽教师考评学生的思路，教师借助学生考评的角度，能够更深层次的了解学生的现状以及学生的需求。因此，采取教师考评和学生考评相结合的考评方式，是保证实践教学有效性的重要根基。让大学生参与到实践教学考评的具体实施过程中，是体现学生主体性的重要表现方式，也是尊重学生的体现。实现民主性教学，既能够提升实践教学的有效性，又能够利用新颖的方式吸引学生，提高学生参与实践教学的积极性与参与度。让大学生自行制定考评标准，充分把握学生的主体性，再由教师把关来敲定学生考评的标准。在参与制定和实施的过程中，能够充分把握学生的思维方式与实际需求，同时学生考评的结果也作为教师对学生进行最终考评的重要参考。

第三章 新时期高校思想政治教育教学现状分析

本章为新时期高校思想政治教育教学现状分析,依次从新时期高校思想政治教育工作的意义、新时期高校思想政治教育教学困境、新时期高校思想政治教育教学优化路径三个方面进行了论述。

第一节 新时期高校思想政治教育工作的意义

一、形成良好学风

和谐校园的建设离不开校园成员的共同努力,更离不开大学生党员所发挥的模范带头作用。大学生是我们国家的希望,并且直接关乎国家的建设。现在的大学生不仅要独立,还要面对各方面的压力,而发展高校思想政治教育的目的就是为了对大学生进行思想方面正确的引导。而且,大学生中的党员作为高校大学生中的先锋,普遍成绩优异、政治素养较高、组织能力强,一般来说都担任着高校中的重要学生干部职位,有着较强的调动能力和影响力,是和谐校园的重要建设者。因此,做好大学生的思想政治教育工作,能够充分调动起高校建设和谐校园和良好学风的积极性,发挥好党员先锋模范作用,是构建和谐校园,形成良好学风的需要。

二、强化社会主义核心的引领

社会主义核心价值观从公民层面、国家层面、社会层面,对个人应遵循的价值准则和行为标准提出了要求。社会主义核心价值观是意识形态教育的内在组成部分,它能引导大学生拥有正确的价值取向和人生追求。高校思政课程是传播社会主义核心价值观的主要阵地,把"三个倡导"的理念运用到教育教学中去,运用到社会实践中去，运用到校园活动中去，能科学引导学生树立理想信念，正确树立"三观"，培养大学生的社会责任感对国家制度的认同感，在提高教育实效性的同时也能引导大学生服务社会、奉献社会的观念，从而引领大学生把实现中华民族伟大复兴，发展中国特色社会主义事业视为己任，以培育能担当民族复兴大任的时代新人。

三、顺应时代发展的必然趋势

十九大以来高校思想政治教育工作发生了新的变化，高校切实做好广大青年的思想政治教育工作，承担起思想道德建设、落实立德树人根本任务的新使命，从而培养新时期优秀人才来实现中华民族伟大复兴的中国梦。

当今社会环境复杂多变，在这多年未有之大变局中，面对着西方各种非主流意识形态的渗透，意识形态领域的建设是我们目前的重要任务。高校思想政治教育必须为中华民族伟大复兴服务，为其提供不竭的精神动力。

新时期下意识形态领域形势错综复杂，高校思想政治教育的重中之重就是要坚定对马克思主义的信仰，对社会主义和共产主义的信念，对中国特色社会主义道路、理论、制度、文化的自信。抓住青年价值观成熟的关键时期，为他们的成长成才提供健康良好的精神环境，营造主流的校园氛围，从而培育出担负民族复兴重任的时代新人。广大青年有足够的民族自信，同世界人民分享我们中国的优秀文化，加强与各国的文化交流。

从我国当前的社会生产力来看，已经能够满足人民日益增长的精神需要，物质力量的丰富为精神生活提供良好的现实基础，而且高校师生作为社会主义建设的主要力量，他们的精神需要会更加急切，高校思想政治教育精神环境建设要以高校师生的精神需要为着力点，要与高校师生的精神需求紧密相连，并且一定要起到某种程度的提升作用。

高校师生作为高素质人才，他们的思想最为活跃，政治敏感度高，尤其是青年正处于价值观成熟时期，很容易受到西方社会思潮的影响，出现某些偏激的、不利于社会稳定的行为。因此，高校思想政治教育精神环境的建设应更加注重高校师生的精神需要，不断满足高校师生的发展，为其提供健康良好的发展环境，使其形成正确的价值观念和人生态度，使其坚定自身的政治信仰和追求。对于教师来说，思想政治教育的建设也十分重要，为人师表应该起到模范作用，教师对学生的言传身教，在学生身上都会潜移默化地体现出来，只有教师自身有着良好的自我修养和专业素养，有坚定地理想信念，才更有可能教出优秀的学生。特别是高校思想政治教育教师，思想政治教育教师是思想政治教育精神环境建设的主要承担者，是学生精神世界建设的引导者，不断满足高校教师的精神需要，逐渐完善教师队伍，真正把握住了高校思想政治教育的抓手。

第二节　新时期高校思想政治教育教学困境

一、高校思想政治教育教学滞后

教育改革、教育创新一直是教育工作者的职责和使命。在我国经济发展新常态、中国特色社会主义进入新时期的今天，思想政治教学中的很多问题也逐渐显现。不只是时代与外部发展变革给思想政治教学带来新的挑战，在思想政治教学自身也存在一些矛盾。只有矛盾凸显，问题暴露，在问题的解决中我们才能实现新的完善和进步。

（一）教育模式面临退化

新时代意识形态工作论述是在不断总结我国历届领导集体关于意识形态重要论述的基础上，结合我国实际国情与时代背景的新时期思想产物，充分体现了极具时代特色的创新性和与时俱进的特征。这样的时代性特征于高校而言应体现在教育模式与时俱进。一方面，新时代意识形态工作论述表明网络已经成为意识形态斗争的重要战场。大学生作为时代先锋产品的追随者，必然会受到网络信息的干扰和迷惑。在这样的现实背景下，已有不少高校顺应时代的要求，建立起网络思想政治教育平台，但仍然有部分高校疏于网络思想政治教育平台的建设和发展，甚至有部分高校并未感悟到网络教育的重要意义、没能触及该领域，依旧保持传统的课堂讲授教学模式，教育模式呈现老化，无法吸引学生注意力、激发出学生对思想政治相关内容的学习兴趣。对此高校应及时顺应时代要求，进化其教学模式。另一方面，目前高校思想政治教育课程内容相对独立，大思政教育模式还未健全，未能全方位将思想政治教育的相关理论渗透入高校教育教学过程当中。

（二）管理职能弱化

在很多地区，辅导员职责弱化。一方面，班级管理者作为在校生思想学习生活中的指导者、引路人、贴心朋友。首先思想引领、育人是根本，但在工作中，辅导员的工作定位出现种种偏差和移位，明显背离了德育本位的工作职责，忽视了教育功能的发挥。另一方面，管理明显弱化。辅导员依法进行学生管理，在工作中，一些管理者的管理意识和方法应得到支持和维护。例如，有些同学违纪，但管理者怕出现情绪激动和过激行为，还怕家长闹，更怕一些人偏袒，而不敢管，久而久之相关制度约束就形同虚设，造成一些学生模仿，导致出现校风学风下滑现象。最后，服务形式异化。班级管理者工作以"保姆式"管理，事无大小，只要是学生相关的事情，都认为是班级管理者的事，真正该班级管理者做的事情反而无暇顾及。没有多余的时间与学生深入谈心、交流，真正做在校生的贴心朋友。

（三）教育内容呈现老化

新时代关于意识形态工作论述彰显时代化的特质。对于高校而言，时代化是思想政治教育的内在要求。高校面向学生讲授，包括马克思主义理论以及马克思主义中国化的内容，这些内容是马克思主义理论在中国时代化背景下的产物，彰显了强烈的时代特性。然而，从教育实践来看，高校思想政治教育在内容上并未充分反映和回应时代要求。

尽管当前大多数的高校能够及时传达重大会议精神并及时更新思想政治教材内容，但仍然有部分高校忽视这一工作，导致思想政治教育内容依然是陈旧的理论，没有体现出时代化的特点，学生缺乏对国家新政策及会议精神的正确认识。高校思想政治教育教师应具有较强的政治敏锐性和觉悟性，巧妙地将时事政治的内容穿插到思想政治教育课堂中，引起学生学习兴趣与共鸣的同时，思想政治教育的成效也能达到了事半功倍的效果。

（四）教师言传身教异化

新时期教师是人类灵魂的工程师，承担着教育教学的核心任务。引导广大教师争做"四有"好教师，全心全意做学生锤炼品格、学习知识、创新思维、奉献祖国的引路人。大部分教师态度积极向上，具有一定的职业道德和奉献精神，全心全意为了教育，对教育充满信心。然而也有部分教师"职业情感淡化、职业道德模糊、自私自利、育人意识淡薄、为人师表欠缺，"在服务育人中造成不良现象。如上课迟到或提前下课、教学敷衍、利欲熏心、缺乏敬业，课堂气氛沉闷、内容枯燥空泛、方式单一、缺乏创新性，在课堂上对于学生逃课、玩手机、迟到、早退等现象视而不见，为了完成教学任务，忽视了立德育人的思想，自身魅力欠缺，影响力、感染力不强，缺乏基本的教师职业道德和操守。因此，教师的言传身教在一定程度上影响了在校生思政教育质量。

二、高校思想政治教育观念陈旧

观念作为行动的先导,在不同的时代背景下所体现出来的内容不尽相同。新时期背景下,普通高等院校教育工作者在教育过程中所表现出来的传统教育观念,相较于当代热衷于追求新颖事物的年轻一代,显得格格不入。

(一)师生关系有待改进

部分教师依然保持传统师生关系的旧观念,未能随时代的发展建立起新型的平等师生关系,在教学过程中以严肃的形象和话语威慑学生保持良好的课堂学习状态,学生有疑惑而不敢言,无法形成教育的良性互动。普通高等院校思政理论课内容本身枯燥,加之师生间互动交流太少,思政教育的亲和力和说服力得不到彰显,加深了学生对于思政教育枯燥刻板的印象。这也是影响思政教育成效的另一重要因素。

(二)存在形式主义

在"课程思政"教育模式的切实贯彻过程中,大部分普通高等院校存在形式主义的问题,教师在教育过程中未能将思政知识内容有机地融入专业课程中,存在思政教育与其他专业课仍然是两个独立部分的昔日窘况。

三、高校思想政治教育机制不完善

健全且良好的机制是高校思想政治教育工作达到最佳成效的有效保障,可见健全的机制对于高校思政工作的重要意义。

(一)高校思想政治教育课程机制不完善

根据数据调查结果可知,90%的大学生通过高校思想政治教育课堂接受思政知识,由此可见,高校思政理论课发挥了极大的教育影响。但根据调查结果显示,部分高校对于教材的更新和最新政策、最新会议精神传达不是很及时,这就造成了思想政治教育内容以及会议精神内容传达的延时。作为思想政治教育的"主渠道",高校思政理论课务必及时将马克思主义中国化的最新理论成果加入教材,贯穿课堂并扎根于学生心中。同时,前文所提到的,"课程思政"存在形式主义,同样是由于思想政治教育课程机制不完善,对课程思政的开展没有明确的制度规定。

（二）高校思政队伍考核机制不健全

高校思政教师是对大学生进行思想政治教育的主力军，因此务必要完善对思政教师工作内容和教育成效的考核机制，才能敦促其更好地开展教学和提升自身水平。目前，高校对于思想政治教师的考核重点依然是科研项目以及论文发表数量等学术方面的内容，而真正作为思政教师核心工作内容的育人成效考核以及自身思想素质、知识理论水平的考核却没有明确的制度规定。高校协同育人机制不完善。当前高校思政教育队伍的主要力量来自于思政教师以及辅导员老师队伍，并未做到全员育人，协同育人机制流于形式而未能确切落实，高校教育教学与思政教育的衔接度和配合度不高，无法凸显出高校思想政治教育在高校育人工作的重要地位。

（三）思想政治教育网络化机制不健全

作为时代化背景下的新产物，网络以其便捷、迅速和高效的教育特点，成为思想政治教育的重要载体，不仅能够延长教学过程，同时增强了教学影响。但在运用和监管过程中缺乏相关机制。一方面，从调查结果来看，一半的大学生对于学校是否开设网络思想政治教育平台并不明确，可见高校思政教育对于网络的运用机制及管理机制并没有深入到学生心中，网络思政教育平台形同虚设，对其的运用和管理流于形式而非充分发挥其促进教育成效的作用，学生的认可度和接受度相对较弱；另一方面，新时代意识形态工作论述中的网络论述强调了网络对意识形态工作和建设的重要性，对于高校思想政治教育而言更应该关注到网络的正负影响，在利用好网络的同时，也要注重完善高校网络防御机制和舆情预警机制。目前，高校对于校园网络的监管也没有形成成套、合理且科学的监管机制，对于校园网络疏于管理。在 2020 年新冠疫情防控期间，各类高校大规模地运用起网络教学平台进行线上教育，这次的疫情成为网络进入教育教学的助推器，但不免看出各级各类高校在面对疫情出现时将网络运用于教学的仓促和生疏，可见高校在日常当中并未建立健全网络化教学机制。

四、高校思想政治教育环境亟须净化

（一）社会环境阻碍了思政教育的发展

从社会方面来看，一方面，改革开放的深入以及全球化趋势的不可逆转，致使众多西方资本主义所谓的自由、民主思想涌入我国，干扰了我国社会思潮，且部分民众受其影响。同时，改革开放的不断深入也造成了我国利益格局的嬗变。高校大学生的知识储备和思辨能力受限，受社会中西化思想的影响，对于西方的政治、文化和社会环境都充满了好奇和向往，表现出较为强烈的兴趣。另外，社会利益格局的变化也使得高校大学生的逐利性更强烈，在三观还未健全的阶段受到如此大环境的影响，使其对思想政治教育的内容产生疑惑，呈现出理想信念模糊的状态，严重妨碍了高校思想政治教育的顺利推进。另一方面，不良社会风气、道德失衡的现象和因素对思想政治教育提出了巨大挑战。社会的不断进步和发展，人们的思想也随之出现了潜移默化的改变，社会各方面因素的嬗变导致人们的思想问题也日益凸显，给思想政治教育带来了巨大阻力。社会中诸如此类的不良思想和行为，与高校所开展的思想政治教育内容形成鲜明的对比，高校大学生思想意识尚浅，严重干扰了学生的认知，造成学生对于思想政治教育内容与现实情况的矛盾化心理，对思政教育内容和德育内容产生疑惑，给高校思想政治教育工作的开展严重设障。

（二）校园环境影响了高校思政工作的推进

从校园方面来看，在高校学生的学风以及学生工作的作风上存在影响思想政治教育的消极因素。近年来，一些大学生在学习中也表现了功利心，如部分高校学生为了获得评奖评优等荣誉称号，学术造假，给高校的学风造成了极大的负面影响。此外学生干部工作作风也受功利主义、个人主义以及社会家庭环境的影响，出现趾高气扬的办事态度，缺乏服务意识，丢失了作为党员和学生代表的理想信念，影响学生干部队伍整体建设，间接影响着高校思政教育工作的开展。

（三）家庭环境影响了学生的思想

从家庭方面来看，一方面，家庭成员的政治站位和政治观念直接影响着大学生的思想意识和政治态度，这对高校思政教育而言无疑是巨大的挑战。另一方面，家庭成员的一些非科学的行为，也会对大学生的思想产生影响。如家庭成员定期或举办一些封建迷信的非科学活动，让学生产生思政学习内容和生活现实及其矛盾的心理，极大地冲击着学生的思想。

五、教学对象自身素养有待提高

（一）缺乏自主性

随着我国普通高等院校改革力度的普遍提升，所有普通高等院校对思政教育水平的提高都愈发地重视起来，并且纷纷对思政教育课程进行课堂改革，改变传统的单向传输的授课方法，创新思政教育主要手段方法，突出学生的主体性地位，提高大学生思想道德素养。在进行课前预习的时候，有一些学生对于教师的安排过于依赖，不能独立完成学习计划和目标的设定，没有将其自身的自主性发挥出来。在学习过程中，仍然有部分学生已经习惯了传统的思政教育方法，只喜欢听教师讲课，不愿意主动思考问题。对于教师新的教学方法没有给予积极的反馈，对教师所教授的内容也没有进行积极的思考，表现出思维惰性，更不愿意与教师进行积极的互动交流。对于教师所讲的思想品德要求，也没有与自身进行对比反思，调整自身的不足，处于被动消极的状态，而且欠缺思考怀疑的能力，不注重发挥自身的创造性。

思政教育对象的自主性表现在学生对教师所教授的内容和知识进行自主学习、自主选择、自主吸收。学生在思政教育中积极参与活动，对于教师教的知识进行主动地、选择性地学习。在思政教育课堂中，大部分学生都能够自主地、有选择地学习思政教育内容并内化为自己品德的一部分，但事实上也有部分学生对于所学内容相对比较消极，没有积极地进行选择。教师在课堂上努力地讲课，学生却不关心教师讲的内容，只是关心考试的内容，对思政教育内容缺乏思考，自主能力差，不能安排好学习计划和学习目标，没有将教师所教授的内容内化为自己的道德修养。

思政教育对象的创造性是其自主性的另一个表现，是学生在反映教师所传授的信息和自身思想品德状况的基础上创造出新的东西。对于新的教学方法和教学形式不仅学校和教师可以研究探索，学生也可以积极参与进来，充分发挥自觉能动性。在普通高等院校，是教师扛起了研究新的教学方法的重担，学生也没有积极参与研究的意识，未提出自己的意见和建议。在思政教育课堂上有部分学生在学习以及接受教师传递的信息的时候，采取消极的态度，没有与教师进行积极的互动。

（二）价值观有偏差

当前，大学生受西方思潮而产生的享乐主义、个人主义等负面思想以及在社会主义市场经济影响下而产生的功利主义、利己主义等思想,与我国所推崇优良传统精神形成对立,并展开了对大学生思想激烈的争夺战。部分大学生受多元化价值观和思想的影响,出现了奢侈浪费、攀比心理等价值观问题,导致校园借贷惨剧屡发不止;也有部分学生作为学生干部官僚气息过重,思想腐化,为学生服务意识较弱。

(三)网络法律素养缺乏

高校大学生网络素养的核心就是网络道德素养。因依靠网络进行的信息传播,基本是虚拟的、匿名的,因此在网络上每一名高校大学生的思想和行为无法被严格地规范,这就需要高校大学生们自觉提升网络道德素养,在思想和行为上自律,以助力网络社会的健康发展。网络道德,是指以善恶为标准,通过社会舆论、内心信念和传统习惯来评价人的网上行为,调节网络时空中人与人之间以及个人与社会之间的行为规范。网络新时期的来临和社会的进步,使得道德体系逐渐丰富起来,网络道德成为其中的新成员,它作为网络社会中人们的行为准则而存在。高校大学生网络道德素养要求高校大学生树立符合社会主义核心价值观的道德观念,不断规范自身的网络道德思想和行为,内部努力和外部影响相结合,提升高校大学生综合素质。

互联网的开放性和共享性使得信息的发表和获取变得十分容易,表现出"无屏障性"的特点,同时互联网信息平台给大学生提供了一个有匿名功能的虚拟空间,大学生可以隐藏自己的真实名字在平台中进行学习和信息的发表,他们可以不用在意他人的看法和评价,但事实上由于缺乏相关法律规范,大学生不认为自己的造谣行为要承担相应的法律责任,所以在微博、微信、公众号等平台中发表自己的观点和意见时,大学生受到其他思想的影响,也跟风地发布一些不实的消息,带来的严重后果是大学生无法预料的。

(四)高层次理想信念有所欠缺

随着改革开放的不断深入,社会的利益格局出现了深刻变革,人们对于自身利益的追求更为迫切。这是特定历史条件下社会发展的必然结果。值得注意的是,普通高等院校大学生由于思辨能力和知识储备所限,受社会环境的驱使,更多地将自身利益缩限于个人的物质利益,将自身的发展游离于国家和民族利益之外,抛弃了对高尚理想信念的追求。大学生实现职业理想的目的是追求更好的自身利益和自身发展,这仅是低层次的自我理想,而并非为社会主义事业的建设贡献力量的伟大追求。

根据调查结果显示，大部分学生表示自己对普通高等院校思政课持积极主动的态度，但由于我国普通高等院校的教育体制以及国家选拔类考试大多倾向于应试教育，因而呈现出重智轻德的现象，学生所表现出来的对思政教育积极的学习态度，绝大多数是应付考试或修学分，并非发自内心地接受思政教育知识，也并非真正信仰马克思主义等思政相关科学理论，由于教学模式和教学方法单一枯燥，与实际联系不紧密，造成了学生对思政教育相关科学理论"不实用"的心理暗示。加之信仰对象多样以及家庭环境的影响，大学生甚至出现宗教信仰以及伪科学等封建迷信的思想行为。

第三节　新时期高校思想政治教育教学优化路径

一、加强教师队伍建设

（一）优化思政教育队伍

大学生思政教育队伍包括：管理者及思政课教师。新时期需要建设一支可信、可敬、可靠，乐为、敢为、有为的育人队伍，信心满满把思政课越办越好。我国国家领导人曾多次对思政课教师提出明确要求及发展目标，在育人过程中，关键教会在校生要成为什么样的人，生活中形成什么样的态度，不但要靠言传，最关键的是身教。因此，在选人用人中，要按人数配备教师职数，切实制定人才选拔标准，强化育人职责，提高政治素养，引进人才严把政治素质、师德、师风关，注重模范带头、言传身教，运用渊博学识、品格修养，在生活中感染熏陶在校生，增强育人责任担当。另外，加强育人管理。新时期要建立辅导员选评聘、考核制度，平时要注重提升育人意识、育人能力，考核时要侧重管理育人。日常生活中管理者与在校生接触较多，是在校生思想工作的中坚力量，工作中兢兢业业、任劳任怨，用日常激情推动思政教育落地生根，提升思政教育价值。

（二）构建辅导员职业化队伍

班级管理者在管理育人质量提升中占据核心位置。新时期思政教育的步伐要迎合时代发展需求，与时俱进，抓住机遇，搭建辅导员队伍职业化专业化平台，增加他们的职业身份认同和内心归属，培养责任担当意识，提升日常生活积极态度，推进班级管理者队伍职业化程度。一方面，学校要与时俱进，健全辅导员队伍的招聘、淘汰、激励发展标准，运用各种方式挖掘他们潜在的专长和才干，激发工作热情，拓宽他们未来职业发展空间，激励他们在学术上找到适合自己的方向和侧重点，并下定决心刻苦钻研、不懈追求，当作一生的事业做好、做优。同时，重视辅导员职业定位，明确职业规划，建立研究生（硕、博）共同联合深造计划，组建一支重点学习管理型团队，打造一支专业教授、专家学者管理队伍，提高职业化标准，推动思政教育质量发展。

（三）加快育人体系建设

新时期高校育人目标是培养在校生适应社会市场需求，坚定理想、厚植爱国情怀、加强品德修养、培养奋斗精神、增强综合素质的时代新人。而思政教育主要内容是按照既定的社会活动要求，根据受教育的思想状况，教育者经过甄别设计后，有计划、有目的地传授引导价值思想信息给受教育者。在校生思政教育的特殊性，育人要实事求是，以立德树人为宗旨，以培养人才为导向，立足思想教育质量提升。首先，倾向于"四史"教育，法治、道德、心理、爱国等教育内容，采用以理服人、环境氛围、实践技能等途径展开。同时根据在校生行为，科学判断存在的思想问题，以典型感染、法纪、志愿者等教育形式，及时采用对症下药的方法引导，做到科学性、针对性，实现事半功倍育人效果。其次，高校应关注在校生的知识传授、能力培养及道德素养相结合，教会在校生掌握过硬的技术，学会学习、学会生活，塑造健全的人格，才能找到自身的存在感，从而锻造高素质全面发展人才。

（四）树立全员育人意识

习总书记在南开大学视察时强调："专家型教师队伍是大学的核心竞争力。要把建设业务能力精湛、政治素质过硬、育人水平高超的高素质教师队伍作为大学建设的基础工作。"高校要明确立德树人主体定位，帮助一些教师回归教育，补齐短板，塑造勇担使命和重任，甘愿奉献，谆谆教导，开拓创新，形成全方位育人合力，推动在校生全面发展。一方面，专任教师要把教与学紧密联系，在各自的职责中把好育人导向，发挥育人功能，用情动人，以理服人，真正做到思想引导和价值引领。实实在在承担立德育人的任务，充分挖掘自身潜能贯穿教育教学中，全面深入地推动在校生学习理论，把科学理论灵活运用于实践，增强理论学习的吸引力、感染力，真正用言传身教锤炼在校生的理论科学素养。其次，各管理部门要转变育人理念,创新服务意识,搭建各类锻炼在校生成长成才的平台,通过开展先进事迹、学生榜样等一系列校园文化丰富多彩的活动,关注心理状态,把握思想动态,锤炼实践技能,帮助在校生自觉形成自我管理、教育、服务等各项能力,全方位落实提升思政育人质量,多方合力,协同共进,推动在校生全面发展。

二、创新教学内容和方法

(一)教学内容创新

1. 中华优秀传统文化融入思想政治教育教学

第一,中华优秀传统文化中蕴涵的思想政治教育资源非常丰富。将传统文化有效融入,与思政课有机结合,做到古为今用、以古鉴今,可以丰富思政课的理论内涵,有利于课程的提质增效、扩容优化。通过思政课深入挖掘和运用优秀传统文化中的育人价值,可以指引优秀传统文化教育的方向,激发传统文化的魅力,增强思政教育的人文属性。借助"新思政课"的丰富内涵,可以拓宽大学生的文化视野、优化他们的知识结构,增强文化自信。

第二,中华优秀传统文化本身具备着强大的生命力和影响力。传统文化与我们的生活息息相关,通过思政课可以吸引大学生更多地关注中华优秀传统文化,引导他们去体会其中所蕴含的民族智慧和精神力量,扩大优秀传统文化的影响力和感染力,加深对中华优秀传统文化的了解。同时,激发中华优秀传统文化的生机与活力,激发当代大学生的爱国情怀,积极传承和弘扬优秀传统文化,从传统文化中受到启迪,帮助他们强化责任意识、锻炼意志品质,形成正确的道德观、价值观等,保障他们在优秀传统文化环境中健康成长。

第三,以服务学生为中心,将中华优秀传统文化与思政课融合,加快大学制度建设,把握传统文化的精髓,突出优秀传统文化的感召力,体现人文关怀与高效规范,有利于增强高校思政工作的实效性,提升学生的思想政治素质,开启思政工作的新视野、新思路。将两者结合,以弘扬主旋律、传播正能量为根本,通过思政工作给学生解疑释惑,强化解决问题与化解矛盾本领的培养。一方面,可以满足学生的差异化需求,规避高校思政教育的局限性和片面性,找准工作的切入点;另一方面,可以发挥学生的主观能动性,展现高校素质教育的时代性和文化性,引起学生的共鸣。

2.大学生价值观教育融入思想政治教育教学
（1）生命价值观教育
①构建生命教育体系。现行的生命价值观教育体系，缺乏专业性、系统性和整体性。生命价值观教育在教育中处于边缘地位，在大学生成长中的作用表现不明显。大学生心理和生理状态都不成熟，接受能力强，促进大学生的全面发展，为中华民族伟大复兴培养有潜力的奋斗者，是生命价值观教育应当承担的责任与使命。

在高校教育中，应设置专门的生命教育必修课程，提升生命教育在教学中的比例。一方面，把生命教育作为学生的必修课程，提高学生的重视度。学生系统地学习生命教育，并且掌握一定的知识和技能才可以通过课程的考核。学生在学习和复习中不断地加深对生命知识的理解，使之内化于心，成为上层建筑。另一方面，生命教育成为必修课程，丰富了大学生的认知体系。生命对每个人来说既熟悉又陌生，大学生对于生命充满好奇。学生带着兴趣去学习，理解和运用知识更容易。

②建设生命教育师资队伍。当今，对于生命教育知识的教授，大多时候是在课堂上一带而过，科任老师对教材少部分内容进行讲解，缺乏重点的分析。首先，提升专业教师的招聘比例。扩大生命教育教师队伍，成立专门的教研室。设定教育目标，做出详尽的教学计划。其次，生命教育教师，要打牢专业基础知识，提升业务水平。教师要与学生共同进步，听取学生的意见，因材施教，教学相长。最后，注重师德师风的影响。教师本身就具有示范性的作用，要时刻严苛要求自己，一言一行都影响着学生。言传身教，身教大于言传。良好的师德师风，对于受教育者是一种榜样。此外，学校应该多鼓励生命教育教师，理论与实践相结合，提升科研能力，并采取相应的奖励机制。生命教育教师队伍的建设离不开每个教师的共同努力、学生的配合、学校的支持。完善生命教育的体系，还需要根据实际情况进行分析与综合，根据社会环境的变化来实践。

（2）劳动价值观教育
①创新劳动教育方法。方法作为中介因素，就是过河的"桥"，渡江的"船"。劳动教育的方法，就是为了实现劳动教育目标、传递劳动教育观点，是教育者对受教育者所采取的实践方法。创新大学生劳动价值观教育的方法，就是要在继承中发展、在借鉴中吸收、在新时期的劳动教育实践中创新。

首先，教育者要注意汲取传统文化中关于劳动教育的好方法。此外，还有化民成俗、环境陶冶、因材施教、学思并重、自省及"慎独"等方法，都值得学习。

教育者要根据现实情况,创造性的改造传统方法,赋予其新的时代内涵,从而发展大学生劳动教育的方法。

其次,教育者要汲取其他国家劳动教育的先进方法。英国、美国等发达国家在很早之前就对学生进行劳动教育,积累了丰富的经验。马卡连柯和苏霍姆林斯基等教育家就劳动教育问题,提出很多重要观点,并亲自践行了他们的劳动教育理论,形成了一套完整的教育方法。教育者要以马克思主义为指导,辩证地看待国外的劳动教育方法,借鉴他们的有益做法,有机地融入我国的劳动教育方法体系之中。

最后,教育者要立足国情,探索大学生劳动教育的新方法。社会的发展日新月异,大学生的生理心理特点更加复杂多样。教育者要灵活运用咨询法,真诚地与学生交流,询问他们对劳动教育的意见和需求。只有了解学生的意愿,才能有的放矢地开展劳动教育。另外,教育者还要综合运用隐性教育法,充分利用微媒体平台,将劳动教育内容寓于微信、微博及抖音等平台之中。要制作劳动教育的微视频,撰写劳动教育的短文,并通过微媒体传播开来、融入大学生的生活之中。

②挖掘校内劳动观教育实践平台

首先,校园后勤实践平台的建设。随着高校后勤运行的社会化,专业的后勤服务集团的入驻,使得大学生参与校园劳动的机会越来越少。对于部分学生而言,在进入大学之前往往是"养尊处优"的状态,进入大学后又没有机会为校园建设付出,"四体不勤"的现象进一步加剧。因此,重启后勤实践平台对新时期大学生劳动观教育有着极为重大的现实意义。例如,学生餐饮文化中心可以尝试采取"学生自主管理"模式,由学生参与体验采买、食材加工、仓库管理、餐厅运营等工作,使得学生体验到劳动艰辛之际,还创造性地建设出了餐厅管理运营模式。鉴于学生学业的繁忙和专业的差异,因地制宜,差别化地制定学生体验校园劳动的方案就显得尤为重要。在合理方案的基础上,做好劳动实践前的思想动员工作,让学生对体力劳动保持积极的态度,并且创造性将脑力劳动和体力劳动有效结合,从而使其在劳动过程中更为积极主动,更为深刻地感受到劳动观的价值和意义及其劳动过程中衍生的协作精神和集体主义精神。

其次,拓展"三助"岗位。"助教、助研、助管"的三助政策是当前高校较为普遍的实践平台,这一制度的目的在于帮助经济困难学生的解决生存需要和锻炼学生的综合能力,为走向社会、参加劳动打好基础。"三助"平台在解决实际问题的同时,其所蕴含的劳动观教育价值也不容忽视,充分利用这个平台的契机就是提升劳动观教育效果的有效方式。"三助"平台对应的部门和教师应担负起这些学生在三助岗位上的劳动观教育责任，以身作则地为学生树立好榜样，同时引导学生审视自身内心世界，及时止损错误的劳动思想。

最后，新时期是社会生产力高速发展，社会主要矛盾转化的时代，对人才的需求也朝着综合化、全方位的方向发展。新时期的劳动朝着脑体相结合的方向迈进。对于高等教育而言，最直接的表现则是创新性劳动。创新型劳动是新时期劳动的主要形式，它是时代发展大势所趋，也是时代发展的成果，最终也为时代进步服务。为此，学校从制度层面为创新型劳动保驾护航就显得必要了。例如，高校可以尝试建立独立的"创新创业学院"，定期举办各种创新型竞赛，为学生提供创造性劳动的平台，激励学生积极参与创新型劳动。创新型劳动离不开专业知识的积累和教师的悉心指导，因而，建设高水平的教学质量和科研体系既是创新型劳动的根本，更是新时期大学生劳动观教育的基础。

③拓展校外劳动观教育实践平台。实习实训是高等教育教学活动的重要实践环节，以实习实训为契机，拓展校外实践平台是培育人才的必由之路，更是深化劳动观教育的效果的重要抓手。

首先，校企合作实践平台的建设。企业是国民经济发展的核心主体，也是大学生择业就业的重要选择。传统意义上的校企合作主要是指大学生到企业参加毕业实习，体验工作内容、参与企业管理等具体事物。不可否认，这在很大程度上锻炼了大学生的能力，使学生认识到自身能力的不足并加以改正，同时也将专业知识应用于实践并加以亲身的检验。思想政治教育视域下的实习实训应当具有特殊的意义，不应仅仅局限于技能的进步和工作态度的改变，应在继承和发扬传统优势的基础上，挖掘出其所具有的精神价值和意义，如吃苦耐劳、团结协作、爱岗敬业等等，促进新时期大学生劳动观教育的效果显现。职业教育中的"双师型"也为大学生劳动观教育提供了有益的借鉴，校企合作实践平台则是开展这一模式的不二选择，企业为大学生进入社会的能力通行证保驾护航，高校学校教师随时跟进，时刻关注参加劳动实践给大学生带来的思想变化，有针对性地进行心理疏导和思想引领。

其次，接轨公益岗位，积极参与公益劳动。部分大学生劳动的标准是是否有利于评优，是否有物质报酬，是否有荣誉奖赏，这是功利性思想在大学生思想政治教育过程的直接体现。以公益活动为载体的大学生劳动观教育成了克服这一不良倾向的根本途径。公益实践活动所蕴含的价值意义是大学生劳动观教育的重要推动力。新时期大学生劳动观教育不是简单的劳动态度教育，也区别于单一的劳动理论教育，而是在树立正确劳动观基础上的综合化、一体化的思想教育，使得学生在知情意性行上实现全面发展。因而，积极的公益劳动不仅是为了培养学生"尊重劳动、崇尚劳动"的态度，更是培养大学生团结协作精神、奉献精神、乐于助人精神，为建设中国特色社会主义培养"有理想、有道德、有文化、有纪律"的时代新人。只有在思想上真正认识到劳动光荣和贡献伟大，才能距离社会主义的实现越近。

最后，家庭实践平台的再利用。大学生由于学业和成长的需要与家庭的距离日渐远离，家庭在大学生劳动观教育过程中的作用变得极为有限，却更加关键。如何衔接好学生走向社会的步伐需要家庭、社会的共同努力。首先家长需要摒弃"劳动与学习对立"的观点，对劳动实践的意义价值进行再认识，从内心深处对劳动持以积极的态度，以身作则地为学生做好热爱劳动的榜样。父母利用假期安排学生做力所能及的家务，参加劳动、体验生活等，在此过程中要坚决避免"不好好学习，就要当清洁工人"的心态，而是以言语劝导、情感沟通的方式让孩子意识到"勤则不匮""一分耕耘一分收获"的乐趣，体验劳动真正的价值意义。

（二）教学方法创新

新媒体带来了新的生活方式，也为我们的学习带来了新的变化。实时的交流、丰富的资源、新颖的形式等，逐步融进我们的日常；但与此同时我们要看到新媒体的背后，要把好质量关，为思政课的教学夯实基础。

1.运用微信拓宽教学交流方式

新媒体的交流功能是最基本和最常用的功能之一，它利用网络和手机将信息进行交换互动，增加了信息的传播速度和效果，有利于信息交流者及时进行交流。其中以微信的社交功能最为代表。

一是微信群拉近群关系，思政课教师可以及时知晓学生们的反馈信息，可以随时与学生畅谈，延长思想政治教育课堂的长度，以头像的方式与学生沟通，一改严肃的形象，亲近学生的同时，拉近了师生距离，同时，教师可以在微信群内进行打卡、签到，定位设置，以新颖的方式进行调查学生上课情况，避免了因为点名而带来学生的厌恶情绪。

二是可以随时进行在线学习互动。运用微信平台，教师可以与学生进行思政内容的探讨，拓宽了思政课的时间和地点，有效地加强了思政课的辐射范围。高校思政课运用以微信为代表的新媒体，搭乘交流的顺风车，可以主动融入学生中间，了解学生关注的热点话题和时事政事，分享思政课内容，交流思政课的心得，传述思政课的体会，同时加深了师生间的友谊，思政课教学越来越受欢迎，许多学生在思想、意识方面遇到迷糊时沟通无门，思政课教师存在在微信之中，可以方便学生，并对学生及时进行答疑解惑，帮助学生，避免他们误入歧途。可以有效地进行思政课线上的延伸教学，不断提升思政课的生命力和活力，也方便思政课教师以学生最愿意接受的方式进行思政课教学的展开。

三是巧妙运用微信公众平台。微信公众号可以使思政课教师建立自己的思政天地，畅所欲言，发表自己的所感所悟，学生通过关注微信公众号，便可以及时获取思政课信息，教师可以通过后台知晓阅读量、转载率及学生们的留言等数据的方式，更加直观和便捷地知晓学生最为关心的事情，方便思政课教学融入的教学内容更受学生关注和欢迎，从而提高思政课的亲和力。

四是可以及时解决学生的思想问题。由于微信平台具有及时性的特点，思想政治教育者在实际教学中可能会不定时地接收到学生的咨询，因此，思政课教师必须积极地去解决问题。新媒体时代，信息生活瞬息万变，不及时或者对学生的问题拖延，很可能导致学生在某一类问题的根本性理解错误或者造成选择上的偏颇，只有坚持及时性原则，把握解决问题的时效和时机，才能根本解决大学生的问题。利用微信平台，大学生在苦恼和不顺心之时，通过微信与思政课教师交流沟通或是吐槽，思政课可以借此机会进行思想教育，通过感情的沟通、心理的理解和情感的共鸣，在稍纵即逝的关键时刻为大学生解决问题，可以获得事半功倍的效益，思想政治教育才能更好地发挥作用。

由此可见，新媒体的微信平台不仅丰富了思政课教学，也使得思政课教师可以更好地与学生进行沟通，在交流中与学生成为朋友，把握学生的思想动态，及时的交流，如友人般的沟通，及时解决疑难，将思政教育在实际中更好的实施。

2. 通过微博整合教学热点资源

微博是个大杂烩，里面包含的内容千罗万象，天文地理、博古通今；海内外、文理科，应有尽有，微博热搜更是实时更新，深受大学生喜爱。所以我们要正确运用热搜，将热搜变为阿里巴巴的知识宝库。高校思政课教师进行教学时，面对微博热搜的琳琅满目，必须要合理整合，而不是简单的杂糅在一起，并不断提升信息的辨识。

一是借助微博热搜资源，使思政课教学视角学生化。微博热搜资源丰富，高校思政课可以充分借助微博的优势，整合热搜资源，丰富思政课教学内容，扩展思政课教学信息，创新思政课教学形式，提升思政课教学吸引力。随着新媒体的发展，微博可以实时更新热搜榜，满足了大学生对新鲜事物的追求，同时可以在热搜下发表自己的看法，分享自己的感悟。思政课教师可以抓住微博的热搜资源，将其中的一些典型事例，及时加到思政课教学中来，一方面可以使教学内容紧跟社会发展，让学生在实际生活中及时更新自己的知识，增强辨别是非的能力；另一方面可以使学生能够对新近事情坚持正确的看法，形成正确的判断，方便思政课主体教学内容的展开。

二是丰富思政课教学内容的资源库。微博内容丰富多彩，资源成千上万，其中不免出现与思政课教材相吻合的内容，由于教材不是实时更新，很难做到及时更改，所以当热点与教材出现相悖时，学生便容易陷入困境；或可能出现热点资源体现了某一教学内容，但其事例却过于老套而不够吸引学生的注意，因此要整理并丰富思政教学的热点资源，将其与教学内容相互融合和呼应，以教材的内容为基础，对最近发生的事件进行讲解，升华到思想和价值的判断和选择，形成正确的思想意识，对日后学生的学习、生活和工作可以形成正确的马克思主义观。

三是与学科名师进行资源互动。微博是可以畅言的交流场所，很多思政课名师均在微博开设了自己的账号，即时发布一些热点内容的感悟或者是自己最新的研究方向及关注方向。思政课教师可以不必在等很久才能知道学术大家的思想内容，通过微博关注即可。专家关注的热点信息及资源可以反馈学习及积累，同时，可以通过私信的方式与专家进行沟通，进行学术交流，使得沟通不再需要等机会。微博的开放性拉近了普通思政课教师可以与思政教育专家的距离，可以鼓舞一批批的青年思政课教师更加饱满地投入到思政课教学中来。

四是多学科并举，完善热点知识储备。微博的发展，让信息和知识在"微博村"既迅速又全面地进行传播。思政课教师不仅仅是思政课理论知识的传播者，还要熟悉其他学科的基础知识，在思政课教学时要跨学科为学生讲解最新发生的信息所蕴含的思政思想，对于学习知识能力较强的大学生来说，简单的、表面的意思可能都能为之熟悉，但其深层次的意思，还需要思政课教师引导。如今微博信息良莠不齐，如何让学生能够分清正确与否，强化思政课的效果，还需要思政课教学完善各学科知识，积极运用新媒体，正确对学生进行规范和引导。思政课教师可以运用微博，丰富自身的教育知识和储备，利用学科育人的影响，多学科并举实现信息内容的完善，使得思政课教师可以接收学生在课堂、学习和生活中的问题检验。

3. 借助直播提高线上教学效果

疫情发生以来，线上课堂成为教学任务正常进行的保证。基于不同地区的现状，钉钉 App、QQ 会议、雨课堂、腾讯直播、爱课帮等新媒体直播软件借助"云"技术，使得思政课在"云"上进行直播授课，同时以线上方式进行，教师可以在线上直观给学生答疑,学生通过点播回放等方式可以深入反复进行知识点的学习,确保了学习进度的正常进行。为了更好地应对疫情的常态化状态,运用新媒体进行线上直播思政课教学可以进行以下几点尝试。

首先可以建立"云"班级。疫情之初,多数教学都是通过手机或者手机+电脑的方式开展直播教学,部分老师还要对新媒体的直播软件进行摸索、尝试,加大了授课教师的任务量,授课形式也简单单一,效果也不尽如人意。为保证教学的良好进行,学校要利用"云"技术,充分利用新媒体直播软件的优势,由专业教师及时将任课教师及学生的信息导入直播软件,建立授课班级的基本信息情况,为学校所有师生申请线上账号,并覆盖班级信息、教师信息和学生信息等基本情况,搭建打卡、授课、答疑、推送、发言等线上直播方法按钮,使得学生和教师只需通过手机验证码便可以进入课堂进行线上的教学与学习,避免因为软件的生涩而导致的思政课教学效果的弱化。线下思政教学运用新媒体引出云、雨课堂与线上直播课相比较为突兀,缺乏连贯性。运用新媒体进行线上直播思政课,使得思政课可以更好地运用新媒体的优势进行教学的实践,将教学任务与一流大学的相匹配,思政课教师可以巧妙运用优秀课件进行讲课,学生可以通过精彩的线上思政课视频进行学习,鼓励学生与高水平学府学生进行习题的探讨与互动,避免了教师工作的重复,提高了教学质量的同时,使得学生可以接受和感受更好的学术氛围,邀请具有丰厚学识的教师与学生进行在线讲座与交流,可以突破时空的界限,展现学术成果,培养学生的科学精神。但要注意的是,思政课教师切勿一味地照搬照抄或者过度依赖云、雨课堂的教学内容运用要与班级情况与学生情况相符合,让学生爱上线上思政课教学。

最后,思政课教师要带头成为讲课"主播"。当教室变成了直播间,讲台在"云"上进行,思政课教师面对摄像头成为主播,运用新媒体进行线上教学改变了课堂的空间环境,很多教师习惯于面对学生授课,当面对摄像头时不免紧张无措。传统课堂教学教师可以通过学生的表情,得知学生对知识的理解状况,而线上教学,通过屏幕,很难得知思政课教学内容的传授情况,有时较为理论的知识便需要教师化成"主播",亲切得让学生"点点赞";由繁入简将"表情包"代替语言;用丰富的新媒体资源给线上教学加入引例,给课堂加入声卡;在线即时答疑的方式有理有据,深入"推销"思政课,使学生可以爱上思政课,将思政课放入自己的"购物车"。思政课教师要摆正心态,即以轻松欢乐的形式进行思政课教学,增加"粉丝"阅读量,也可以卖力讲述思政课内容,成为名副其实的讲课主播。

运用新媒体直播软件进行线上思政课教学不仅是疫情时期的权宜之计，也是对思政课教学改革的有益探索，思政课教师要在反复探索中深入完善思政课线上教学，提高线上教学质量，把握契机，推动思政课教学的不断发展。

三、完善教学评价系统

（一）突出学生主体地位

在教学评价中教师作为评价的组织者和监控者，主导着教学评价的内容、方法和程序的设计。在构建高校思政课评价体系中，教师发挥其主导作用。首先，教师要转变评价观念和评价策略，遵循以学生为本的评价原则。设计过程性评价方案时，教师应重视学生作为评价主体的地位和作用。通过学生参与评价引导学生重视学习过程，检验所学知识，互鉴学习方法。其次，教师应制定详细的评价标准。评价标准对于学生学习和教师教学都有指向性意义。学生通过评价标准可以明确目标，完善学习方法和策略，提高学生的学习效果。教师通过评价标准也可以修改和完善教学内容和方法，提高教学水平。最后，由于学生对过程性评价的标准和程序理解有限，可能会出现一定的偏差，因此教师要对学生的评价有正确的引导。

（二）运用有效评价方法

不同的评价方式对学生的评价视角不同，思政课的过程性评价，要尽可能根据学科内容、学生群体特点以及教学方法进行选用。例如，如果教学中采用了鼓励学生自主学习、合作学习和探究性学习等学习方式的话，学生一般通过小组交流、分工协作学习来获得知识、技能和学习经验。评价目标大多涉及传统评价方式不可测量的情感与方法。要评价这些目标，过程性评价中可采用课堂观察法、成长记录法、态度调查法、量表测量法等多种评价方法。在使用量表测量法时，设置评价维度时，可将学习态度、与人合作、自主创新、积极交流等纳入评价过程与方法纬度，评价可以设学习态度、学习方式、参与程度、合作意识、探究活动、知识与技能的应用等指标。学习态度的评价指标可包括：学习目标是否明确，是否重视学习过程的反思，是否积极优化学习方法；学习兴趣是否浓厚，能否保质保量按时完成学习任务；是否重视自主探索、自主学习、拓展视野。学习方式的评价内容可以从自主学习能力、在学习过程中参与程度、采取合作学习方式的意愿以及能否在合作中分工明确地进行有序和有效的探究并且在学习中能否自主反思，发挥创新精神，积极地提出问题和讨论问题这三个标准进行衡量。可以从能否认真参加学习活动、积极思考、善于发现问题等方面考核等。合作意识可以从是否勇于接受任务、敢于承担责任，小组合作中是否能取长补短、乐于助人，能否公平、公正地进行自评和互评，评价过程是否认真、负责，是否有诚信合作意识来考核。探究性主要考查学生是否具有严谨的科学态度和科学精神，是否敢于质疑、善于反思，能否认真观察理论与实际生活的联系并对所观察的社会现象积极体验，用马克思主义理论解决实际问题，是否具有应用马克思主义理论解决实际问题的意识。

（三）选取实用评价工具

在过程性评价的实施过程中，过程性评价量表、成长记录袋是最为重要的两种评价工具。评价量表是学生自评和互评的依据与记录载体。设计过程性评价量表时，评价目标必须全面。可以从知识与技能、过程与方法、情感态度与价值观等三个维度进行评价。科学合理的评价量表不但有助于规范学生评价行为，而且可以将过程性评价演变成一种有指引性和约束力的自我学习和相互学习的教学过程。以"思想道德修养与法律基础"课为例，学生的自我评价量表的设计，为了解决学习过程、学习方法、学习态度等评价内容难以量化的问题，可以设定基础分和加减分，加减分部分设计开放性的评价，克服评价内容量化难的问题。首先，每位学生的基础分为60分，在此基础上进行加分和减分，个人根据加分、减分进行统计，然后将分数填在表格中。其次，每班组织3—5名道德观察员，对学生自我评价的真实性进行审核，审核结果填在"小组认定的分数"栏目中。最后，教师根据学生自我评价及道德观察员审核结果进行综合评定。加分和减分项目将评价内容设计成开放性的问题。一是理论知识的学习理解运用：你对相关理论知识和问题是否有了更深的理解和思考、取得了哪些进步、获得了何种肯定和赞扬？二是过程方法：你的学习方法在哪些方面有明显的进步而使你感到高兴或自豪？你在哪些方面或哪件事上做得不好使你感到失望？三是情感态度：你与同学是否进行了良好的合作、是否积极参与小组活动和配合组员完成任务、对小组学习活动是否作了贡献？请你根据上述要求列举出具体的项目，每个项目可根据其性质进行加分和减分，即具有积极意义的项目每项加1—3分，具有消极意义的每项减1—3分。这样通过开放性的问题，不但可以将正确的学习方式和学习策略等学习经验固化，提高学习质量与效果，也实现了评价价值目标的多元化；不但能客观检验学生所学知识的掌握程度，而且关注整个学习过程中学习经验的累积，引导学生学习与思考，促进学习者进步，将评价与教学融为一体，发挥评价导向的积极作用。

成长记录袋是根据教学目标，收集能够反映学生学习与发展过程的各种数据与证明材料，成长记录袋可以全面记录学生学习的过程。高校思政课学生成长记录袋可以收录反映学习成果的重要资料，如制作的模拟法庭、辩论活动的活动记录、视频作品、阶段学习总结、各类评价表等，也可以收录考查学生交流、合作、动手能力以及在学习过程中所表现出来的主动性、创造性和探索精神的其他材料。如根据教学要求和学生特点，设计相关题目让学生开展调查的调查报告等。通过成长记录袋积累有关学生学习成长的记录，使思政课的教学与评价有机地结合起来。

（四）制定规范评价流程

不同的评价方式对学生的评价视角不同，因此对学生学习的过程性评价，一般采用学生自评、小组互评、教师评价相结合的方式。教师对于思政课教学中的重难点问题往往设计分组讨论、模拟法庭、辩论会、调查等教学形式，以激发学生的发散思维、发挥创造力和想象力，促进理论知识的内化，这些教学形式往往以学习小组为单位进行。学习任务完成时，学生对于自己和他人在学习过程中的学习态度、学习方法、观点、能力、合作情况等进行自评和互评。学生互评拓展了学生参与教学的广度与深度，不但有助于学生知识和能力构建，也有利于思想观点的交流互鉴，营造良好的学习氛围。小组同学互评程序必须正式规范。一般同学间的互评按照以下程序进行：展示学习成果→评委依据评价标准和评价内容进行评议→评委记录、整理评议内容后对同学进行反馈并提出学习建议→教师组织开展评价小结。在互评环节中要注意以下问题：一是在实施过程中，教师必须对评价的标准、内容给予详尽的说明，在评价过程中给予具体指导。二是由于过程性评价目标包括传统测验不可测量的情感与方法等，作为成绩的重要依据，小组评价必须有正式的评价记录。三是任课教师的评价总结重点应是肯定一些成功的学习经验和评价方法，这样可以让学生理解评价的实质、学会自评和互评。

第四章　新时期高校思想政治教育的多维视角

本章为新时期高校思想政治教育的多维视角，主要介绍了三个方面的内容，依次是"三全育人"视域下的高校思想政治教育、"大数据"视域下的高校思想政治教育、"立德树人"视域下的高校思想政治教育。

第一节　"三全育人"视域下的高校思想政治教育

一、"三全育人"的内涵与内容

（一）"三全育人"的提出及其基本内涵

当前大学生在世界观、人生观、价值观形成的重要阶段，容易受到网络不良信息的冲击，导致"丧文化"流行，甚至造成信仰缺失和理想信念动摇。习近平总书记深刻把握高等教育在大学生成长成才过程中的重要性，审时度势，提出"全员育人、全过程育人、全方位育人"的战略举措，要求各高校加强思想政治教育工作，全面贯彻落实立德树人的根本任务。2018年习近平总书记在全国教育大会上指出："培养什么人，是教育的首要问题。"习近平总书记在多次讲话中也提到"培养什么人、怎样培养人、为谁培养人"这一根本问题[①]。在新时期，我国教育的基本方向和目标是培养德智体美劳全面发展的社会主义建设者和接班人，而要实现这一目标，必须将人才培养贯穿到全员、全过程、全方位之中。培养德智体美劳全面发展的社会主义建设者和接班人不仅是教育工作的根本任务，更是教育朝现代化方向发展的目标。"三全育人"战略要求高校在培育人才的过程中，要胸怀大局，调动一切可以利用的资源，既注重宏观方面的顶层设计，又关注微观方面的管理。要把知识教育、道德教育、法制教育、美育教育、劳动教育与体育

---

① 王明建."为谁培养人"———中国共产党百年教育地位溯源[J].河北师范大学学报（教育科学版），2021（3）：8-16.

教育融合到教育的全过程中；在整个教育的过程中，要立足每一个学生，关注每一个个体，公平公正地实施教育；要通过多种手段，增强教育效果，既要传承传统的优秀的教学方法，又要灵活运用现代大数据技术提供的现代化教育手段和方式，使教育取得更好的成效。

在"三全育人"过程中，各高校应有效整合教育资源，以全面提高人才培养的质量为关键，切实提高教师的育人水平，进行有针对性的教育工作，强化基础知识教育，突出重点难点，建立健全体制机制，落实相关责任，构建教育内容丰富、考核标准完善、科学运行、有制度保障且成效显著的思想政治教育工作体系。科学的思想政治教育工作体系必须将"全员育人、全过程育人、全方位育人"深度落实到新时期大思政教育工作中去，体现思想政治教育过程中育人的全员性、全过程性和全方位性。"三全育人"是新时期实施大思政教育的全新方式，对高校实施大思政教育具有重大的理论和实践意义。

（二）高校"三全育人"工作的理论内涵

党的十九大对我国高等教育工作提出了明确的要求，高校要坚持把立德树人作为立身之本，加大人才培养力度。2018年5月，教育部在推进"三全育人"综合试点改革工作时，印发了《普通高等学校"三全育人"综合改革试点建设标准》，并于2018年9月向全社会公示了首批"三全育人"综合试点高校名单，标志着我国"三全育人"工作进入了全新的发展阶段。随着社会的不断发展和进步，要深入推进高校"三全育人"工作，就需要党和国家在全面强化高校育人工作举措的前提下，为高校立德树人与学生发展提供政策保障和法律依据。"三全育人"是新时期高校以立德树人根本任务为主体构建的具有可行性、系统性、全面性特点的全新育人体系，该体系的构建和施行为高校思想政治工作的有效开展提供了全面的保障和支持。"三全育人"体系中的全员育人，实际上就是构建以党政领导干部、思政课教师、专业课教师、辅导员、共青团干部等所有与教学、管理和服务相关的人员为主体，积极参与人才培养的工作体系。全过程育人则是将育人元素融入大学生在校期间学习、生活的各个阶段，从教学、管理、服务工作等方面着手推进高校思想政治工作，在潜移默化的过程中影响和熏陶在校大学生，从而有效提升大学生思想政治素质。高校开展全方位育人工作，要充分发挥各个育人载体的优势，深入挖掘以课程、科研、实践、文化、网络、心理、管理、服务、资助、组织等为主要内容的"十大育人"要素，对在校大学生进行全方位教育与管理，并将思想政治教育元素寓于其中。

(三)"三全育人"具体内容

全员育人,首先要求做好每一个学生的思想政治教育工作,同时提升其专业知识水平,在人才培养过程中,一个都不能掉;其次,要充分认识到育人的责任主体,从而构建各主体间的协同育人机制,采取协同育人措施,真正达到全员育人的目的;第三,全员育人的责任主体应是多元的,是一个多元主体责任共担、共同发力的过程,这个多元责任主体包括家庭、学校、政府和社会,必须明确不同主体在育人过程中承担的职责,真正担负起育人的责任。

全过程育人,就是要将思想政治教育贯穿从小学、中学到大学的整个过程之中,尤其在大学阶段,不仅是专业知识的储备期,也是学生世界观、人生观、价值观形成的关键阶段,一定要引导学生树立正确的世界观、人生观和价值观,提高明辨是非和价值判断的能力,引导学生树立远大理想,为中华民族的伟大复兴而努力学习;在育人过程中,要做好思想政治教育课程与专业课程思政教育的有效结合,既要做好大学生思想政治教育理论课的教学,又要督促高校教师在专业课教学中实施好课程思政教育,激发课程思政的魅力与活力;再就是在育人过程中,要在讲授好理论课的同时,积极拓展思政教育的实践渠道,拓展实践育人的共同体,增加双创课程、创客空间,组织学生参加全国"互联网+"创新创业大赛、挑战杯、创青春等活动,积极拓展思政教育的实践教学领域。

全方位育人,主要是通过各种途径,实现学生全面发展,尤其要树立课程思政的理念,将各门课程与思政课程联系起来,相向同行,形成思想政治教育工作的协同效应,通过各门课程、各个环节的协同发力,提高教育实效;将思想政治教育工作贯穿于日常学科教育之中,建立适应新形势的学生管理体系,从而达到"三全育人"的教育目标;要营造浓厚的育人氛围,建设有利于人才成长的文化;重视互联网对高校育人的影响,让大数据时代的互联网发挥育人的正向作用;落实好高校组织育人工作,积极发挥高校学生社团的作用,强化育人品牌,让大学生社团在育人中发挥自我管理自我成长的作用。

二、高校"三全育人"工作的特点

(一)时代性

"三全育人"教育理念不仅是对马克思主义理论中国化的进一步传承和发展,同时也是一种符合我国当前国情的先进理论体系,其所体现出的鲜明时代特征,为广大青少年的成长和发展指明了方向。高校在积极创新和改革"三全育人"教育模式时，应该在充分体现思想政治工作时代性特色的基础上，构建多元化的"三全育人"工作体系，才能满足社会发展对高校思想政治工作提出的新要求。

（二）创新性

"三全育人"教育理念要求高校在开展大学生思想政治教育工作时，必须充分遵循马克思主义青年观思想创新发展的基本规律。这种创新发展，不仅融入了中华民族悠久的发展历史和文化思维，而且是一种充满能量的思想引领体系。社会不断发展进步的同时，"三全育人"的实施对青少年发展和成才等各方面的要求也随之提高。高校开展"三全育人"工作，必须严格按照全员参与、全过程实施、全方位布局的育人模式要求，进一步改进思想政治工作的实施策略，构建完善的课程设置体系、效果评价制度与考核评价机制，这样才能在明确"三全育人"教育创新思路的前提下，夯实"三全育人"工作基础，进而提高学校思想政治工作成效。

（三）实践性

全国高校思想政治工作会议明确指出，高校应该在充分重视实践育人的基础上，将生产劳动与教育实践结合在一起纳入教育教学体系。"三全育人"教育理念就是要求高校要遵循在实践中培养人才、锻炼人才的原则和思路，加强新时期青年学生社会责任感与担当意识的培养力度，要求青年学生积极参与社会主义建设实践活动，进而为实现民族复兴和国家振兴贡献出自己的一份力量。

三、"三全育人"视域下高校大学生思想政治教育的困境

"三全育人"既是高校育人的理念，也是路径，具有理论与实践相结合的意义，是高校提升人才培育水平的基本指导思想。如何结合实际情况贯彻落实这一理念，则需要进一步分析当前高校思想政治教育中存在的困境。互联网的发展、高校教育资源的新整合、教育方式的变革都深刻影响着高校人才的培育。

（一）互联网发展对大学生思想政治教育带来挑战

在互联网高速发展的背景下，大学生的日常学习容易趋于"碎片化"，高校思想政治教育方式难以跟上现代化发展速度，导致一些大学生存在思维空洞问题，缺少精神依托。科技在带给人类福利的同时，也会带来一些负面作用。高校享受

着互联网技术发展带来的便利，也不可避免地会受到一些负面效应的干扰。当前互联网信息的传播缺乏有效管制，大学生现有的思想条件无法完全做到对海量信息的有效甄别，有时甚至会误导学生做出错误的价值判断，这会增加思想政治教育的难度。微博、微信等自媒体的快速发展，很大程度上削弱了高校在思想政治教育上的话语权，加大了大学生构建系统知识体系的难度。互联网的大发展，使人类进入了网络时代，但网络带来的负作用需要我们高度警惕。

（二）高校思想政治教育资源难以有效整合

高校的思想政治教育由多个板块组成，专业教师、思想政治教师、重点关注学生思想政治状况的辅导员等成为高校思想政治教育的主力军。全员、全过程、全方位育人，要求高校合理整合资源，打造高校、政府、家庭和社会协同育人的大格局。在此过程中，专业教师主要专注于传授专业知识、提升学生的专业知识水平和专业技能，缺乏思政教育渗透意识。思想政治教师能够熟练掌握思想政治的理论知识，但缺乏实际操作经验。高校辅导员与学生群体的接触最为频繁，具备解决事务性问题的实践经验，但存在理论基础薄弱、专业知识匮乏等问题。高校思想政治教育在专业教师、思想政治教师、辅导员三者之间缺乏有效合作、衔接不够，导致思想政治教育资源分散，没有得到有效整合，无法发挥资源的最大效用。在深化"三全育人"综合改革过程中，专业教师、思想政治教师、辅导员三者应积极有效合作，构建协同育人、系统育人机制，发挥思想政治教育的协同育人效应。

（三）思想政治教育方式还难以让其功能得到有效发挥

当前，高校实施思想政治教育的方式欠科学，不能适应大数据时代带来的变化，不能跟上信息时代的需求。传统的师授生听的教育方式，缺乏对学生需求和价值的关注，缺乏针对性，削弱了教师授课的引导力和吸引力，难以达到"内化于心"的教学效果，必须革新。一方面，传统的思想政治教育往往在教室里完成，缺少与之对应的社会实践，学生很难有"外化于行"的实践机会，因此，如何使思想政治教育走出课堂，做到知行合一，是我们必须思考的问题；另一方面，教师的理论灌输，缺少与受教育群体的互动和情感共鸣。当今00后的大学生思想活跃，情感丰富，价值观的形成过程复杂和多元，更需要我们走进他们的心灵去把握，实施个性化和定制化的思想政治教育。我国正处在主要矛盾的深刻变化时期，大学生群体树立坚定的理想信念、形成理性批判精神和社会主义核心价值观非常重要，但其形成过程又会比较复杂和曲折。思想未系统成型的当代青年大学生，极易迷失在多元的价值观里，导致理想信念不够坚定，从而在一定程度上增加了大学生思想政治教育的难度。如何改变教育方式，适应网络时代的思想政治教育要求，利用互联网技术进行思想政治教育的智能化和网络化，让思想政治教育的作用和价值得到有效发挥，这是大学生思想政治教育必须关注的一个重大问题。

四、新时期高校"三全育人"工作长效机制的建立

（一）精准把握构建"三全育人"工作长效机制的关键点

1. 建立社会、学校、家庭、学生协同育人机制

所谓全员育人就是要求领导干部、管理人员、专业教师等教职工将大学生思想政治教育融入自身的岗位工作，明确自身在育人工作中承担的责任和义务，确保全员育人目标的顺利实现。这就要求高校必须从以下几方面着手，积极推动全员育人工作的开展。第一，要进一步完善"三全育人"工作机制。教育引导青年学生树立正确的理想信念，全面提升自身道德修养，加快形成德智并重、德育为先的课程设置体系。课堂是大学生获取知识技能的主要阵地，育人工作不能只停留在思政课堂上，而应在不同学科领域都要加强思想政治教育，多学科、多元化进行思想政治教育渗透，各类教师应当在各自承担的课程之中深入挖掘育人元素，优化"课程育人"培养方案，推动课程思政与思政课程同向同行。第二，将全员育人责任落实到高校各级领导干部。高校在开展育人工作时，要注重增强学校各级领导干部参与育人工作的主动意识，从制度层面上着手，建立并完善高校全员育人工作机制，确保全员育人工作的有序开展。第三，加大高校政产学研协同育人机制建设力度。高校应该在全面优化和完善育人工作顶层设计理念的基础上，与政府联合建立保障体系，充分发挥育人合作机制的优势，将育人工作与地方经济发展相结合，推动政产学研融合发展，确保协同育人目标的顺利实现。

2. 将育人工作融入大学生的学习和生活

高校推进育人工作，要将育人元素融入学生学习和生活的各个方面，坚持以立德树人为根本任务，妥善解决高校育人工作中存在的问题。首先，优化育人工作机制。按照育人的目标导向原则，建立一套完整的制度体系和资源配套机制，将大学生的职业生涯发展与个性化培养有机结合。在实践教育方面，要坚持对大学生的理论教育与实践养成相结合，丰富实践内容，拓展实践平台，进一步

提高"实践育人"质量。在文化建设方面，要注重以文化人、以文育人，结合学校自身特点，打造文化品牌，创新"文化育人"表达形式。随着互联网的深入发展，网络成为当今大学生学习和生活的主要平台，高校教师要不断进行探索和尝试，通过互联网和新媒体平台，提高"网络育人"能力，积极正确地引导大学生树立正确的世界观、人生观、价值观。同时，高校还要强化科学管理对道德涵育的保障功能，把解决大学生实际问题与思想问题结合起来，进一步提高"管理育人"与"服务育人"工作质量。针对贫困大学生，要坚持把"扶困"与"扶智""扶困"与"扶志"结合在一起，构建"资助育人"长效机制。把组织建设与教育引领相融合，充分发挥各组织在大学生群体中的政治核心作用与战斗堡垒作用，提高"组织育人"水平。其次，时刻掌握育人措施的施行情况。高校开展育人工作，既要注重引导大学生加强理论知识学习，还应密切关注大学生个人综合素质的提高。要坚持以课堂教学为基础，鼓励大学生向第二课堂延伸，充分发挥学校、家庭、社会协同育人优势，进一步提高全过程育人工作成效。另外，高校要把"心理育人"摆在重要位置。由于学生在大学校园学习生活期间，经常会面临学习、生活、情感等方面的压力，难免会出现焦虑、紧张情绪，高校应当将心理健康教育作为常态化课程长期开展，有效缓解学生压力，帮助学生更好地适应大学生活，做好在校期间的学业生涯规划。

3. 结合社会发展需求创新人才培养模式

育人工作要在社会主义核心价值观的引领下，推动高校大学生人才培养方案的制定和实施，促进大学生核心素养的稳步提高。一是要站在学科发展的角度上培养大学生的专业素养。对于学术型人才来说，应该在注重学术训练、发表学术成果等方面能力培养的基础上，鼓励和引导学生将科研目标的达成作为其学习的首要任务。通过组织大学生参加学术论坛、教师沙龙、学科竞赛等活动，创新"科研育人"手段，将科研训练与科研素养的培养落实到日常教育教学工作中，为大学生搭建参加科学研讨活动的平台，促进大学生科研素质和能力的有效提升。二是要培养与社会发展协同并进的应用型人才。鼓励部分本科院校转型为应用型技术院校，加大应用型人才培养力度，切实将大学生培养成真正为地方经济发展服务的技术型人才。三是要加大创新型人才培养力度。随着时代的变迁、社会的进步，创新型人才成为国家发展的重要战略资源，因此，高校教师应当对学生的创造性思维和创新能力加以重点培养，帮助学生激发内在潜能。同时，在理论课程教学中，还要加强创新表达能力的训练。

4. 明确辅导员的角色定位

辅导员工作在大学生思政教育的第一线，能否做好大学生思政工作，辅导员使命光荣、责任重大、角色关键。

（1）辅导员是"三全育人"体系的关键实施者

"三全育人"最重要的是落实。学生是育人对象、出发点和目的，能否在学生层面上落实好，是衡量"三全育人"体系运行效果的标准。

辅导员是关键实施者，主要表现在三方面。

首先，辅导员在"三全育人""十大育人"体系中是最基础的实施者。"三全育人"体系中，与学生教育管理相关的各方均是育人主体，但多主体不等于无主次。在"十大育人"中各育人主体在不同的环节、过程中有主辅之分，但从整体上看，辅导员几乎是所有教育管理及服务工作的最后一个环节。"十大育人"体系育人职能的发挥都离不开辅导员的直接实施或间接参与，辅导员在很多工作中都是最后的落实者、执行者、监督和考核者，是"三全育人"能否落地生根的最关键的一个环节。

其次，辅导员是与学生全程全方位联系的育人主体。辅导员与学生联系最紧密、最全面，与学生直接接触时间最长，最了解学生所需所盼，学生有思想和其他问题也最愿意和辅导员交流。在学生思政工作中，辅导员相较于其他主体，最清楚如何根据学生的个人情况和特点采取针对性的教育内容和方式。辅导员几乎陪伴学生从入学直到毕业的全部过程，既负责学生的思政教育又负责学生的日常管理、心理健康、职业规划等，既有充足的时间对大学生开展思政教育，又能根据实际情况在学生管理、实践、活动中实时融入思政教育内容。

最后，辅导员是最能潜移默化地教育学生的育人主体。一是辅导员在教育管理及服务学生的过程中，可通过谈心谈话、班团会、文体活动等方式向学生渗透思政教育内容，对学生产生潜移默化的影响。二是辅导员通过以身作则的方式对学生起到示范作用，体现身教重于言教的力量。在"三全育人"体系中，辅导员既是思政教育的实施者又是践行者，能做到知行合一，发挥榜样引导作用。

（2）辅导员是"三全育人"体系的主导协同者

思政教育具有目的性，教育者要达到教育目的，需满足专业的知识、充足的时间以及熟悉学生这三个条件。辅导员是专职的思政教育工作者，一名合格的辅导员应具备理论和实践方面相关专业知识。同时，辅导员专职于学生教育管理及服务工作，既具有充足的育人时间又熟悉学生，也能和校内外各育人主体保持横向和纵向联系，能够在"三全育人"体系中起到主导协同的作用。辅导员是"三全育人"体系的主导协同者表现在两个方面。

一方面，辅导员能够在"三全育人"体系中做到内外联动、上下贯通。以往人们将辅导员定位为"上面千条线、下面一根针"中的"针"，"三全育人"理念则要求辅导员与各育人主体沟通联动，做到全程育人不松懈、全方位育人不落空，既要做好基层实施者这根"针"，又要成为"穿线人"，主动将全员、全程、全方位育人的各条线拧成一股绳、将各方力量合成一股劲，达到内外联动、上下贯通。

另一方面，辅导员通过向各方"借力""接力"并"续力"形成"整合力"。"十大育人"体系中任何一个单独体系都不能独立完成大学生思政教育，只有"十大育人"体系共同发力才能使学生得到全面的教育。"十大育人"体系一般隶属不同部门，大多不直接接触学生，需要找一个中介和桥梁方能发挥育人功能，辅导员就起着中介和桥梁的作用。"三全育人"体系下，辅导员从"被动接受"向"主动出击"转变，从"应付"向"竭力"转变，从零碎"修补"向全面"整合"转变，成为各育人元素的整合协同者。既主动"发力"推动全员、全程、全方位育人，又主动"借"和"接"各条线育人之力，形成大学生思政教育的最大合力。

（二）强化高校"三全育人"工作联动机制的保障措施

1. 完善党委统一领导的联动机制

高校要在充分发挥自身育人优势的前提下，构建完善的"三全育人"领导机制，建立健全育人责任体系，进一步强化领导责任，从而提升大学生思想政治教育工作成效。学校党委要加强对思想政治工作的全面领导，建立党委统一领导、有关部门分工负责、全员协同参与的工作协调机制，发挥高校党委在思想政治工作中的核心领导作用，全面统筹各方面的育人资源，充分调动校内外各方面力量积极参与学校的育人工作，进一步将思想政治工作贯穿到学校教育教学的各项体系之中，促进高校育人能力和水平的全方位提升，切实保障"三全育人"工作机制有效运行。

2. 成立监管有效的工作小组

高校应该严格按照"三全育人"工作有关要求，建立思想政治工作领导小组，解决学校在育人过程中出现的各类问题，保证"三全育人"工作的顺利开展。党的领导在高等教育事业发展中起着决定性作用，加强和改进思想政治工作，还应建立以学校党委集中统一领导、相关职能部门负责人和思想政治教育专家为成员的"三全育人"工作评审监督委员会，定期开展"三全育人"联动机制的检查工作，确保高校在形成稳健的"三全育人"运行模式前提下，发挥学校自身独特的思想政治工作体系优势，促进大学生思想政治教育成效的全面提升。评审监督委员会要始终坚持党委统一领导，对于学校育人工作中存在的问题，迅速进行处理，并在分析典型案例过程中，稳步推动"三全育人"工作有效开展，为大学生的能力养成和职业发展提供全方位支持。

3. 实行公正合理的评价激励制度

高校应建立合理有效的评价激励制度，增强相关工作措施的权威性和公信力，进而保证"三全育人"工作的有效开展。要将教职工的职称评定、评奖评优、绩效奖励以及津贴待遇等与评价结果关联在一起，在确保评价结果与教职工自身利益相互匹配的基础上，引导全体教职工重视推动"三全育人"工作的重要性。另外，高校在开展育人工作评价时，应该采用问卷调查、综合测评、走访学生等多样化评价方式有机结合的策略，才能在充分体现教育评价工作权威性与公信力特点的基础上，推动高校"三全育人"工作的全面开展。人才培养是新时期高校"三全育人"工作的主要目标之一，"三全育人"工作的开展，是从全员、全过程、全方位 3 个方面充分审视和分析新时期高校育人工作的全貌，并在强调主体协同的全员性、时间贯通的全过程性以及涵盖"十大育人"要素的全方位性的基础上，积极探索和研究高校育人工作改革的思路和方法，进一步提高人才培养质量，进而推动"三全育人"工作机制的长效落实。

五、"三全育人"视域下推动高校思想政治教育高质量发展的路径

（一）坚持"三维协同"，构筑大思政工作格局

坚持把立德树人作为中心环节，把思想政治工作贯穿教育教学全过程，实现全员育人、全程育人、全方位育人，体现了高等教育立德树人的内在要求，顺应了人才培养的发展趋势，契合了高校思想政治工作的发展规律。深化"三全育人"综合改革，应当统筹系统内外各领域、各环节、各方面的资源和力量，加强要素聚集、协同联动，形成人人、时时、处处育人的良好局面。

明职责立标准，推动全员协同。加强育人职责体系及标准建设，引导高校全面梳理明确各部门、各岗位、各事项的育人元素和育人职责，建立育人管理台账，细化各类人员岗位工作标准，对育人的重难点、时间点、跟进人员、程序权限、奖惩评估等进行规范化流程把控，将育人各细节进行标准化分解，把责任到人规范化和制度化。

抓衔接促融入，推动全程协同。推进大中小学思想政治工作一体化建设，实

现高等教育与基础教育有效衔接，构建从小学到大学的贯穿式育人链条。将高校思想政治工作贯穿教育教学全过程，落细到从学生入学到毕业的各个阶段，落实到课堂教学、科学研究、社会实践、校园文化等各个环节，明确各阶段工作重点，加强各环节督查管理，增强"十大育人"体系的整体性、协同性，构建德智体美劳全面培养的教育体系。

建机制搭平台，加强全方位协同。推进政府与高校、家庭、社会各方合作，集聚校外育人力量和育人资源，打造家校联动、校企联动、校地联动的协同配合机制。围绕用好用活当地丰富育人资源，探索建立"三全育人"公共文化资源库，挂牌命名一批思政教育基地，遴选建设一批纪念馆、博物馆、高新技术产业园区、社会主义新农村示范点等教育实践基地，挖掘和发挥区域自然资源、红色资源、文化资源、体育资源、科技资源、国防资源和企事业单位资源的育人功能。

（二）坚持"三向发力"，激发改革创新活力

落实"三全育人"，推进新时期高校思想政治工作高质量发展，要加强动力机制建设，激发内生动力，加强外源动力，有效释放、充分激活各类主体活力。

以项目为"牵引臂"，激发创新动力。要建立先行先试、滚动支持、优胜劣汰机制，建好"三全育人"试点单位、创新发展中心、培训研修中心、心理健康教育示范中心等平台项目。采取成果认定方式，推进重大攻关项目"揭榜挂帅"和"赛马制"，加强高校优秀思想政治工作者项目、工作精品项目、课题研究项目全过程绩效管理。

以评价为"指挥棒"，释放创优红利。探索建立"三全育人"建设成效评价指标体系，将高校"三全育人"工作作为"双一流"建设监测与成效评价、学科评估、本科教学评估、"双万"计划、专业认证、"双高计划"评价、人才项目评审评比的重要指标，建立科学有效的高校思想政治工作评价考核体系，切实发挥评价指挥棒作用。深入实施校、院（系）党组织书记抓党建和思政工作述职评议考核制度，强化结果运用。引导高校将"三全育人"过程及成效作为各类人员职务、职称晋升、年度绩效考评的核心指标，融入党政、学科、教学、科研、职称评审、人才建设等评估考核之中。

以队伍为"聚焦点"，建强骨干力量。配齐建强思政专职工作队伍，将思政课教师队伍配备纳入"高校党委书记省委教育工委挂号项目"，在项目评审和指标分配、有关工作评估评价考核中进行强力督办。加强业务培训，构建覆盖思政课教师、辅导员、心理健康教育教师、党政干部等群体思政工作队伍培训体系，

优化培训内容，创新"原生课堂＋课后评课"思政课培训模式。开展全省思政课教师教学展示、大中小学思政课"同课异构"集体备课、辅导员年度人物评选和素质能力大赛等活动，落实职务（职级）"双线"晋级和"三单"（单列计划、单设标准、单独评审）政策，支持高校思政工作骨干在职攻读博士学位，加强先进典型宣传，增强思政工作者的荣誉感、使命感。

（三）坚持"三个结合"，引领高校思想政治工作创新发展

新时期做好高校思想政治工作，要始终坚守为党育人、为国育才的初心使命，坚持推动理论创新与实践创新良性互动，不断提升高校思想政治工作质量和水平。

坚持提升政治高度与增加理论深度相结合。准确把握新时期高校思想政治工作的新使命、新任务、新情况、新挑战，树牢"抓好是本职、不抓是失职、抓不好是不称职"的思想，进一步增强政治定力，心怀"国之大者"，提升做好高校思想政治工作的思想自觉、政治自觉和行动自觉。

推动思政课改革创新，全面推进课程思政建设，善用"大思政课"，以透彻的学理分析回应学生，以彻底的思想理论说服学生，用真理的强大力量打动学生，用新时期中国特色社会主义思想铸魂育人。

坚持拓展视野宽度与延伸育人长度相结合。拓宽国际视野，胸怀"两个大局"，引导学生正确认识世界和中国发展大势；拓宽历史视野，善于从"四史"中吸取养料，使其成为滋养学生精神和灵魂的"营养剂"；拓宽文化视野，以文化人、以文培元，推进马克思主义基本原理同中华优秀传统文化相结合。整合校内校外、线上线下、课内课外育人资源，做到教育目标在哪里，思想政治工作就延伸到哪里。统筹协调纵向上各育人阶段、横向上各育人要素，形成以时间为主线的立体化育人格局。

坚持提高实践精度与增进情感温度相结合。坚持围绕学生、关照学生、服务学生，贴近学生的学习生活、精神需求，优化教育内容供给，创新教育形式，推动高校思想政治工作精细化、精致化、精准化，提升工作吸引力和感染力。在教育过程中融入情感要素，激发情感体验，实现以情动人、移情共感、润物无声的育人效果，着力培养有大爱、大德、大情怀的时代新人。

第二节 "大数据"视域下的高校思想政治教育

一、大数据时代高校思想政治教育目标

大数据时代高校思想政治教育的目标是思想政治教育与大数据的加成。思想政治教育的目标有三：教育、整合、管理。教育和引导高校学生形成马克思主义主导的价值观和世界观，树立唯物史观，夯实法治意识和伦理道德品质；整合高校学生队伍，将思想作为凝聚学生的纽带，秉持马克思主义历史唯物主义思想，发挥社会意识对社会存在的辩证作用；管理高校学生，对学生价值观及行为进行管理，激励良性行为，对不良行为适度介入干预，保障高校学生身心健康成长。在大数据的技术加成之下，结合传统高校思想政治教育的目标，可将大数据时代高校思想政治教育的目标归纳如下：

（一）拓展思想政治教育途径，创新教育教学方法

教育包含教学内容与教学方法。在内容方面，大数据时代高校思想政治教育的目标可归纳为建立教学内容数据库，

拓展国内政治、外交与国际关系、当代经济发展等内容，拓展学生的知识边界与认知边界，与时俱进建立全新的思想政治教育数据库，基于海量数据技术，进行知识资源的汇总、分类、挖掘和价值产出。在教学方法方面，大数据会加快高校教学方法的演进进程，驱动传统教师一元化单主体教学方式向师生二元化多主体教学方式演变，引进微课、慕课（MOOC）等数据化教学方法，加强学生教学参与性，适应高校学生个性化教学需求，定制具有强烈个人属性及偏好的思想政治教育内容，关注学生自我发展和个人成长。以上两方面目标，核心在于建立现代化教育模式。思想政治教育内容的庞杂性、分散性、跨学科性，使思想政治教育与高校其他学科教学具有本质区别。建立具有个人偏好的思想政治教育单元，是学生深入探究自我、社会、国家和世界的必然。

（二）利用大数据动态分析学生的思想与行为

针对学生思想特征和行为特征开展思想政治教育是适应现代化、多元化思想政治教育活动趋势的必然。依托数据库的测算功能与节点处理能力，高校思想政治教育者应及时掌握学生思想动向，并据此对学生进行学习、婚恋、就业创业等方面的指导。实际上，大数据在学生队伍整合方面的重点是匹配，匹配思想政治

教育内容与形式、匹配学生关注点与课程内容、匹配行为与价值导向。

（三）全面关注高校学生管理，实现跨空间高效管理

样本的有限性和经验的不足，是社会及思想学科深入发展的掣肘因素。从个体管理来看，大数据对该问题的解决效能相对显著。学生管理作为学生队伍整合目标的延伸，进一步指向大样本大数据的学生分析模式。以大样本分析学生思想与行为，以大数据汇总学生共性问题与个性问题。对于此前集体主义有余而个性不足的思想政治教育困境，取而代之以关注人本、关注个性、追踪成长、力求学生自我实现的教育要旨。从整体来看，交通工具的演进和城市化发展，使高校学生管理不仅限于校园内，更在地理上呈现分散性。大数据时代高校思想政治教育可以削弱距离和地缘边界的制约，弱化时间因素对教学及管理的掣肘，真正实现精准教育，服务学生个人发展与成长，服务高校人才培养和机构管理目标。

二、"大数据"视域下高校思想政治教育面临的变化

（一）信息资源库得以扩充

在无线网络不断普及、云计算不断发展的今天，大数据的覆盖范围越发广泛，其影响力的广度和深度都是前所未有的，高校的思想政治教育也涵盖其中。大数据时代已经到来，高校思想政治教育信息的资源库得到了快速扩充，使得高校思想政治教育逐渐实现数字化转型，向着信息化的方向发展。第一，大数据使得高校思想政治教育的信息门户更加广阔。传统的思想政治教育工作由于技术的落后，导致工作开展过程受到严重的时空限制，很多工作分析需要采用随机抽样的方式，分析也难以涵盖全部。但是，自大数据诞生以来，高校的思想政治教育工作者借助这一新的技术实现了高速的信息传递、更新与存储，信息的获取渠道更加多样化了。大学生是互联网的主要用户群体，他们制造信息、发布信息、传播信息。大学生借助互联网进行学习，互联网已成为他们生活必不可少的一个部分。同时，大学生也会将相关信息记录下来，生成海量的数据，使得高校思想政治教育的信息数据库得到有效扩充。另外，高校思想政治教育采用大数据技术之后，不用再随机选择研究对象了，而是采用全体样本采集的方式进行全面分析，覆盖面更广泛，不仅包括了每一个受教育的对象，也能兼顾到每一个时间节点，使得传统数据匮乏的问题得到了有效解决。第二，大大丰富了教育资源。大数据时代背景下，数据信息成为高校思想政治教育的基础性信息资源。高校思政教育有了更为丰富

的教学资源，分析素材库也得到了填充，教育内容更加饱满，理论与实际得以充分结合。以大数据作为载体，高校的思想教育工作者可以有选择地进行数据信息的应用，实现数据信息进课堂，使得教学内容更加贴近实际，也更有说服力。

（二）大学生的价值观受到影响

随着新兴技术的不断更迭，移动传输设备的应用实现了普及化，人们获得信息资源基本都是借助网络，速度快、便捷性强。网络资源的一个突出特点就是丰富性，多样化的信息不断影响着每一个人，尤其是青年学生。大学生的思想正处于成长的阶段，还不是很成熟，他们对于新鲜事物都有极强的好奇心，喜欢追逐潮流和时尚，并且有着极强的接收能力，但他们很难辨别网络信息的真伪，有时会接触到不良信息。信息化时代，数据信息繁杂，传播速度快且多渠道，如果能够合理地利用网络中的优秀资源，对于高校思想政治教育工作将是事半功倍的。反之，如果大学生不受管理、没有指导，在网络上随意接触信息，不加辨别，就很容易受到不良信息的影响，影响正确价值观的树立，由此带来的伤害和不利影响也是不可逆的。

（三）教育主体和客体的地位更加平等化

高校传统的思想政治教育比较单调，且基本都是单向性的教育形式。作为教育者，其权威性是比较高的，并且在教学的过程中有着充分的主导性，学生是受教育者，是教育的客体，属于被动的接受者。大数据背景之下，各种类型的网络平台、自媒体几乎将传统媒体取代，成为当下活跃度最高的舆论场所，受教育者受到了非常大的影响，他们对外界讯息的关注度提升了、好奇心增强了。现在的网络平台几乎都是自由开放的，受教育者在此有着充分的话语权，他们可以自主地选择教学内容和教学形式。与此同时，大数据平台使得人们获取信息的渠道得到更新，信息获取的速度也随之加快，受教育者的思维结构变得更加多层次化，认知水平得到了明显的提升，思想观念受到极大的影响，价值判断也发生了改变，他们开始注重平等性，开始追逐平等共享。以上这些都使得传统高校思想政治教育者的话语权被削弱，教育者的主导地位受到冲击和影响，教育双方的主客体关系发生变化，逐渐趋向平等化。

（四）思维视域得以拓展

大数据视角下，高校的思想政治教育思维方式也面临着改变。首先，大数据时代，高校思想政治教育有了新的发展视角，高校汇聚的数据信息是非常庞大的，但是这些数据表面上看没有任何关系，但是实际上都有着不同的联系，这就需要具备关联性思维，将数据背后的价值挖掘出来；第二，大数据样本是非常庞大的，需要对其进行全面分析，从而得出科学的结论，从整体出发，借助大数据技术和大数据的具体方法，了解受教育者的活动轨迹、社会关系，再进行深入剖析，因此，还需要具备整体性思维；第三，思想政治教育是一项实践性活动，是动态性的教育过程，是不断变化的。由于传统的思想政治教育受到条件的限制，数据的统计与分析只能针对固定的时间节点，几乎不能对受教育者的状况进行实时跟踪。因此，高校传统的思想政治教育工作是僵化的、是滞后的。大数据时代，信息采集、加工等都借助先进的技术，可以对受教育者进行实时了解、动态掌握，增强了实效性，从这个角度来说，大数据视角下，高校思想政治教育还应该具备动态性思维。

三、"大数据"视域下高校思想政治教育时效性分析

（一）"大数据"视域下高校思想政治教育时效性分析的作用

1. 通过数据收集精准了解学生

高校学生数量多，一个辅导员需要带几十甚至几百个学生，很难有机会与他们逐一交流并建立深厚的感情，所以师生之间的关系并不亲密。在传统高校教育教学中，辅导员主要通过几个班干部大致了解全班学生的情况，然后制定思想政治教育方案，凭借着以往的经验以及对学生笼统的了解对他们进行思想政治教育，或者就近期班上发生的事件展开思想政治教育，这样的思想政治教育具有粗放性特点，很难满足学生的成长需求，也难以达到思想政治教育预期目标。由于成长环境、家庭背景、社会不良思潮等各方面因素的影响，高校学生在思想、道德、心理等方面存在的问题并不一样，比如有的学生有攀比心理，有的学生有自卑心理，有的学生有撒谎的习惯，有的学生存在以自我为中心的意识等。辅导员只有了解这些情况，才能制定出具有针对性的思想政治教育方案。

如何才能深入、全面了解学生，快速获取真实的、可靠的学生信息，运用大数据技术显然是最佳选择。大数据反映民意、舆情，网民在上网过程中会产生很多数据，这些数据反映了他们的情感、行为以及思想等，这为辅导员获取学生信息提供了重要渠道。大数据时代背景下，"智慧校园"在不断建立与完善，学生在校期间的行为被记录下来，比如他们的"一卡通"消费记录、宿舍出入记录、图书馆借阅学习记录、课堂出勤记录等，都成了最原始、最真实的数据。作为网

络原住民,高校学生在网络世界的行为轨迹如抖音上发表的作品、朋友圈发布的动态、网上的消费记录、浏览的网页等,均产生了多维、多源、多样化的数据。在教育实践中,辅导员要及时收集这些数据,包括来自消费平台、社交媒体、互联网教学等平台的外部数据以及来自学校后勤管理、财务管理、学生工作、教学互动等方面的内部数据,通过这些数据对学生进行"画像",探索"心理健康学生""作息规律学生""成绩优秀学生"养成路径。从某种程度上说,这些数据是辅导员了解学生尤其是他们思想动态的重要依据,通过对这些数据的分析,深入了解每个学生的性格特点尤其是他们思想、道德层面存在的问题,可以为接下来制作针对性的思想政治教育策略奠定基础,提供可靠的依据。

2. 通过数据分析实行动态监测

数据能够反映出一个人的思想、行为、道德等方面的信息,但它并非是显性的,而是隐性的。所以,辅导员在收集数据的基础上还需要去挖掘,通过对数据的分析、比较深入了解学生。举个简单的例子,一个学生每月在校期间的消费在300元以内,从某种层面上可以看出这个学生勤俭节约。相反,一个学生每月在校期间的消费超过3000元,从某种层面上可以看出这个学生消费不够理性,花钱大手大脚。但是这些信息并不是数据直接呈现出来的,它需要辅导员去分析。因此,为了提升思想政治教育时效性与实效性,辅导员需要分析、挖掘学生的数据,只有针对学生产生的海量数据进行筛选、比较以及建模分析,才能将它们背后隐藏的规律挖掘出来,及时发现学生思想以及其他方面存在的问题,从而实施"精准思政",充分发挥数据的价值。

在具体的实践过程中,教师需要通过对数据的分析精准掌握学生在心理、社交、生活、学习以及学业等方面的真实表现,在这个基础上实施对学生的动态监测,从而提升思想政治教育时效性。举个简单的例子,辅导员可以通过教室考勤、图书馆刷卡系统等数据的检测,确定习惯性旷课、易旷课学生名单,以此为载体对这些学生进行针对性的教育,加强对他们的学业指导,这样就可以实现思想政治教育的精细化与高效化。又如,通过对学生出入宿舍、一卡通消费记录等数据的监测及时了解贫困学生生活状态,在这个基础上对他们进行"精准扶贫",避免因为忽视他们导致部分贫困生出现心理障碍如自卑心理、厌学心理等。除此之外,辅导员可以在微信、抖音、微博等平台上关注学生的账号,通过他们发布的状态、"点赞"内容等了解学生的兴趣爱好,及时监测他们的思想动态,关注学生的心理行为数据与心理波动情况。同样,也可以通过抓取和分析一些突然异常的数据了解学生的心理波动和思想状态,比如某个学生上课一直早到但是有段时间却经常迟到，某个学生每个月消费在两千元左右但是突然变成了每个月五百元以内，对于这些异常数据辅导员要及时发现并进一步分析，密切关注学生的动向，做好实时监测工作，在这个基础上有效调整思想政治教育策略，有助于提升思想政治教育时效性与实效性。

3. 通过数据预测进行精准干预

运用大数据技术展开教育工作，最终目的并不是通过数据更深入地了解学生，而是通过对学生真实信息的了解与掌握实施精准干预。众所周知，"预测"是大数据技术的核心价值，它能够扭转传统高校思想政治教育费时低效的局面。在以往的辅导工作中，辅导员对学生成长规律没有做到及时、深入、有效的了解，即探索不足，所以事前研判与干预相对来说并不够，事后只能想尽一切措施去应付，这很容易产生倦怠心理，而且思想政治教育工作的时效性与实效性受到严重影响，往往事倍功半。一系列的教学实践结果表明，合理运用大数据技术能够有效弥补这一缺陷与不足，有利于辅导员实施精准化思想政治教育。数据分析挖掘结果从某种程度上可以展示学生行为轨迹，辅导员可以通过它分析影响学生行为的因素，并在这个基础上有效预测他们的行为发展趋势，这样就能为实施精准化教育提供直观的数据服务与支撑。基于对这些信息把握的基础上展开的教育往往能够达到"预防"的效果，从而变传统教学中的"事倍功半"为"事半功倍"，推动高校思想政治课堂的构建与教育可持续发展，既避免学生误入歧途又能减轻辅导员的教育和管理负担，实现教育效益最大化。

在实际生活中，部分辅导员可以通过大数据技术抓取学生数据信息的异常点并实施监测，以此提升预测能力，在这个基础上制定科学、合理的教育策略。举个例子，高校学生群体中有很多学生由于学业、情感、就业以及家庭等各方面压力而存在心理问题，辅导员可以通过座谈会这种传统方式以及线上问卷调查、学生上网浏览记录等现代化手段相结合的措施收集他们心理健康数据，结合网上资源建立学生心理健康数据库，通过挖掘、拟合学生档案数据以及他们日常行为信息形成心理状况评估报告，在这个基础上根据心理领域的有关标准建立学生状态预警机制。这样，学生心理状态指标一旦到达了预警阈值辅导员就能立即知晓然后实时介入，对学生进行精准干预，给予他们科学、合理的思想政治教育与个性化指导，比如通过微信、微博、抖音、快手等网络平台给学生推送关于心理健康的文章与短视频，还可以建立线上心理咨询室，让学生以匿名或不匿名的方式在线上咨询心理问题，再结合实际情况为其解答。

（二）"大数据"视域下提高思想政治教育时效性的对策

1. 转变思维范式，更新教育观念

高校思想政治教育在长期的发展过程中形成了既定的思维范式，非常重视因果关系，面对既定存在的现象第一反应便是去剖析其原因。除此之外，小数据时代的定量研究主要采用随机抽样的方法，紧紧围绕研究议题进行问题的预设，再进行小范围的数据采集，力图通过少量看似精确的数据来获取尽可能多的信息。而大数据则具有庞大的信息量、繁杂的信息类别与内容、迅捷的处理速度以及较低的价值密度等特性，随着大数据向高校思想政治教育的渗透日益加深，传统的思维范式使用起来效果并不理想，就需要树立起大数据思维，转变思维范式。而要转变思维范式，更新教育观念就可以从以下两个方面入手：一方面，在学校范围内开展与大数据相关的讲座、经验分享推介会等等，组织高校思想政治教育者积极参与其中，让高校思想政治教育者在学习的过程中加深对大数据的理解、拓宽自身的视域；另一方面，采用激励的方法来激发高校思想政治教育者自觉主动接受新事物的热情，自主学习之后集中开展集体的座谈会进行学习成果分享，在这个过程中对于表现好、有启发的参与者采取积分奖励的方式进行鼓励，这里的积分奖励主要是累计积分达到一定的量之后授予荣誉证书，同时还可以利用所获得的积分兑换一些书籍、文具等等。由此，高校思想政治教育者便能在理论熏陶与实践需要的过程中转变理念，逐渐树立起整体思维、模糊思维和相关思维，实现高校思想政治教育主体理念与大数据理念的契合。

2. 培育复合型人才，优化教育队伍结构

"一旦网络思想政治教育拥有足够的技术支撑，我们便需要锻造出足以与其相匹配的主体对其进行运用，在硬实力与软实力相当的情况下才能最大化、最优化地实现网络思想政治教育本该发挥出来的价值"。[①] 这在大数据时代也具有同样的适用性。大数据时代高校思想政治教育队伍必须进行结构优化，由单一型工作队伍向复合型工作队伍转型，由理论教学型队伍向实践技术技能型队伍转型，建设起一支数据认同、数据营运及数据赋能的队伍以匹配大数据。

3. 坚持"两手抓"，缩短教育对象与大数据精准的距离

从理论上来说，在大数据的运用过程之中全面且精准地把握教育对象能够成为现实，但是在实际运用中由于教育对象的思想行为可伪装也时常会有偶然性表

[①] 吴满意，景星维，唐登雲. 网络思想政治教育理论前沿问题研究[M]. 四川：四川大学出版社，2019.

现，再加上大数据与高校思想政治教育的结合还处在磨合期，教育对象的复杂性在一定程度上也会削弱大数据所具有的精准性，所以要真正实现对教育对象的精准把握就需要"两手抓"，一手抓教育对象思想流变及表达自我的真实性；一手抓大数据技术的精准性，以此来缩小教育对象与大数据的距离。

4. 运用多维立体的平台，衔接大数据与思想政治教育

大数据与思想政治教育的衔接需要搭建起多维立体的平台作为黏合剂，也需要加强对平台的运营与管理，从而实现这些平台的高效运转。教育平台一经设立就需要做到专人专管，在管理的过程中要注重以下几个方面：其一，及时性。管理人员不仅要做到平台发布信息的及时更新还要做到校内外与学生息息相关的热点信息解读的及时更新。其二，互动性。互动是相互了解最为简便的方式，在互动中能够实现信息交换与反馈也能实现简单问题的解决。其三，多样性。教育平台的板块设置及栏目设置应该要保持多样性，比如可以在每个季度做一个典型的主题、加入图片和视频等等。

四、"大数据"视域下高校思想政治教育创新的具体路径

大数据时代已经到来，高校的思想政治教育领域已然处在思维的大变革中了。在这样的时代背景下，思想政治教育工作一定要抓住时代发展的机遇，积极面对挑战，发挥教育工作者的主观能动性，强化自身的大数据意识，锻炼自己的大数据思维，要不断提升自身对大数据信息的敏锐性和敏感度，紧随时代发展的脚步，与时俱进，及时更新教育理念。另外，还要开拓思维、开阔视野，要具备大数据挖掘分析的能力，也要具备数据预测的能力，培养这方面的思维，形成创新的思维模式，掌握大数据采集、分析的相关方法，多渠道、全方位地对大学生的思想状况进行了解，全面跟踪大学生的生活状况，对大学生的认知情况进行分析，总结他们的认知规律，熟悉他们的学习特点。借助大数据技术手段，不断改进教学方法，对教育内容进行进一步优化，创新教育教学模式，使得思想政治教育与大数据高度契合，找到二者最佳的契合点，从而更好地开展高校思想政治教育工作。

（一）"大数据"视域下思想政治教育管理模式创新

1. "大数据"视域下思想政治教育创新的必要性

（1）有利于推进思想政治教育信息化

为更好地适应现代信息技术的快速发展，教育工作者应从青年大学生思想政治教育的内在需要出发，切实提升思想政治教育信息化水平。教育工作者利用大

数据平台，可以收集青年大学生网上学习、娱乐交友、购物消费、热搜话题等方面的数据，通过对收集到的数据进行分析，第一时间了解青年大学生的思想状况，对青年大学生出现的思想问题，及时进行针对性的思想政治教育。在网络高速发展的今天，网络信息化和网络数据化蓬勃发展，让"人、物、机"三元世界在网络空间彼此交互与融合，网络新媒体平台、网络通信设备、网络自媒体层出不穷，特别是抖音、快手、哔哩哔哩、微信、知乎、视频号等各种自媒体网络的发展与创新，使得思想政治教育信息传播扁平化，同时给思想政治教育工作者开展工作提供了更为广阔的平台，网络思想政治教育工作者也因势利导，在网络社交自媒体平台中，实现了教育资源共享和教育优势互补，形成我国青少年思想文化与政治品德教育的相互促进，助推了思想政治教育信息传播的创新与发展。

（2）有利于推进思想政治教育有效化

在大数据背景下如何推进和提升思想政治教育的实效性和针对性，实现思想政治教育真正入脑入心成为摆在思想政治教育工作者面前的一个必须要攻克的难题。这些问题的存在，究其原因是思想政治教育工作者所采取的教育教学方法陈旧，教育教学内容陈旧，特别是不能与时俱进地开展网络思想政治教育，不能以青年大学生乐于接受的形式，开展思想政治教育工作。如果思想政治教育工作者能够转变形式，充分利用大数据时代的网络思想政治教育平台，充分发挥思想政治教育的功能，改变以往的教育教学方法，形成符合当前青年大学生"口味"的思想政治教育形式，考虑教育的内容和青年大学生的特点，让他们能够在"润物无声"中接受思想政治教育，将有效提升网络新媒体时代和大数据时代思想政治教育工作的实效性和针对性。

（3）有利于推进思想政治教育科学化

在大数据时代，随着网络平台信息化制度的不断规范和完善，青年大学生在社交媒体与自媒体等网络平台上需要进行实名注册和身份认证，无论在虚拟网络空间还是在现实社会中他们的身份都是统一的。如此一来，他们在网络平台的相关数据信息是可以通过网络平台的后台进行获取和加以利用的。思想政治教育工作者可以直接通过"云计算""云存储"进行大数据信息分析，从而精准地掌握青年大学生在学习、工作、生活、娱乐、思想等方面的信息。我们可以用图表直观、准确地反映当前我国青年大学生群体的社会政治生活、思想理论知识、道德行为教育发展总体状况和未来的发展趋势，在信息网络化的今天，充分展现青年大学生个体的特征，有利于高等教育者和教学研究工作者因材施教，对高校青年群体和个体学生进行精准教育，根据自身社会政治生活、经济文化背景和思想行为发展状况，充分发挥高等教育青年群体的独特知识潜能和崇高人生价值。

2. "大数据"视域下思想政治教育管理模式的创新策略

（1）构建全员全过程全方位育人格局

聚焦思想政治教育工作，整合校内外数据资源。互联网大数据时代，四通八达的网络信息资源让青年大学生的视野开阔，导致其心理复杂化与多样化，心理发展需求更加动态化。在思想内容相对稳定的状态下，利用网络的云计算和大数据整理青年大学生思想发展的全部数据，通过整合统计及数据分析等方式，将互联网与青年大学生思想政治教育融合起来。通过数据后台观测到青年大学生的思想情况及对思想工作的积极程度，及时监督管理青年大学生的学习情况，并能从学生的使用情况观察到其心理方面存在的问题。

（2）增强思想政治教育队伍运用大数据的能力

强化大数据思维素养，构建大数据主导思维。大数据主导思维是网络时代思想政治与数据管理科学高度整合所产生的新思维。在当前大数据深入改变青年大学生的生活方式、思维变革、行为量化的背景下，坚持立德树人，利用青年大学生网络思想政治平台掌握青年大学生个体或整体思想行为动态数据，触及传统思想政治无法涉及的思想政治新视角和新领域，拓宽思想政治育人范围，使青年大学生感受到全方位思想政治数据带给他们的幸福感，发挥出网络思想政治数据的时代感与吸引力。在大数据时代面前，要做好青年大学生网络思想政治教育数据的搜集、处理、使用、研究、分析、引导工作，将线上教学作为思想政治教育的主要方式，就要重视网上教育，正确引导学生的思想。

创新数据途径，有效运用数据点。要让青年大学生可以拥有全方位的线上教育感受，无论青年大学生身处何地，如学生宿舍、学校食堂，即便是居家期间也有可能在线上及时学习有关思想政治理论教育的知识。学校可为青年大学生搭建思想政治理论文化教育知识线上学习平台，工作人员可以通过后台随时收集线上和线下的各种学习数据，采取网上问卷调查等互动形式，及时获取有关青年大学生的线上数据相关信息。目前，青年大学生线上相对于固定的教育数据点主要有职业心理健康教育、就业和创业教育、学风建设教育、德育实践教育等数据。

运用数据方法做到提前准备处理。可以利用网络思想政治平台进行青年大学生思想政治教育数据预测，掌握青年大学生未来的思想动态、发展趋势和轨迹，利用"一卡通"等挖掘大学生最真实的状态，并对青年大学生的思想状况、学习情况、素质情况等进行打分，学校根据分数情况精准定位，并引导其树立正确的世界观、人生观和价值观，加深思想政治教育程度。

（3）推进信息化建设

加强网络信息在思想政治教育工作中的有效性，提升思想政治教育工作者队伍的整体水平。高校的思想政治教育工作者一定要明确自身的工作职责，要对工作的相关信息数据进行技术的收集与更新，高校也要加快建设的脚步，实现现代化信息教育。思想政治教育的教学也要使用信息化手段，要以信息技术革命为契机，提升思想政治教育工作者的工作能力和工作水平，提升他们的专业工作素养和职场的技术技能。高校一线思想政治教育工作者还要进一步明确自己的职责范围，那就是要向学生传递正能量，帮助他们形成科学的思想观。为了强化思想政治工作者队伍的组织架构，高校还要坚持教育者优先受教育的原则，打造大数据思维特点突出、数据综合分析能力强、专业技术过关的工作队伍，增加大数据技术应用方面的培训，尤其是对于辅导员和思想政治课教师要多开展专项培训，以满足新时期发展的诉求，使他们成为大学生健康成长道路上科学的指导者和引路人。首先，高校要重塑架构，提升整个队伍的适应能力；其次，高校要有跨学科领域的复合型人才，可以引进大数据技术专业方面的人才，填充到高校网络思想教育的教育工作者队伍中，强化教育的基石；第三，高校应积极推进与大数据公司的战略合作，多学习先进技术经验，挖掘教育的优势资源；最后，高校应注重专业团队的培训，使其了解高校思想政治教育工作的内在规律性，能够熟练地应用大数据开展工作。

加强教育信息化体系建设和教育数据库管控。高校云计算具有较好的综合使用性能，可靠性与通用性强，在实际教育应用管理过程中，将家庭网络监控系统与校园教育网络监控系统遥相互联，实施远程网络操控，打破管理时间与信息空间上的限制。高校教育需要建立一个完善的教育数据中心，为高等院校直接实现网络信息化教育管理工作提供便利，降低其管理的时间成本，促进我国在线网络教育、思想教育服务模式发展的多样化。"云计算"系统具有数据通用性、共享性两大特点，有力地构建了青年大学生网络数据库教育信息化体系，让教育教学数据的应用成为助推思想政治教育健康发展的途径，发挥大数据技术手段的优势，将搜集来的教育教学数据转化为有用的教育信息，再采取数据分析等手段将教育教学信息转化为具有应用价值的教育知识，最终使教育知识的应用价值成为对思想政治理论教育的有效助推。

加强青年大学生个性化教育的数据管控。大数据教育时代的来临，给我国思想政治教育的发展开辟了一条新的道路。运用大数据可提高青年大学生的体验感，促进其适应以社会发展为根本的教学模式改革。大数据背景下的思想政治教育，不仅优化了传统的教育理念，还为青年大学生指明了学习奋斗的方向，推动其全面发展，实现成长、成才的目标。在互联网信息技术手段的支持下，高校思想政治教育教学工作可借助大数据把握青年大学生群体中个体的政治理论知识的学习状态和发展的基本规律，对他们日常政治理论学习及生活过程所呈现出来的真实想法，进行大数据分析，消除高校对于青年大学生学习课堂、工作会议、课外活动等政治网络信息隔阂，使青年大学生的思想政治教育更加网络化、现代化，也更具有实效性。

加强对青年大学生隐私信息数据的保护和管控。随着互联网数据的便捷使用，高校更应该加强对青年大学生隐私信息数据的加密和保护，建立健全使用学生信息数据的相关规章制度，明确在思想政治教育过程中教育工作者在搜集、使用、存储、分析学生的教育教学信息时要注重对学生隐私信息的保护，界定数据使用过程中高校思想政治教育工作者应当承担的责任和义务。在高校信息隐私的监管和防控方面，要建立应急预案，加强对高校数据的采集、存储和使用，以及相关部门的网络信息安全监管工作。高校主管部门要做好对被采集数据信息者数据的安全防护，研究制定隐私数据使用的相关措施，坚决杜绝泄露被采集信息者的个人隐私数据的行为，禁止违规违法行为。高校有关部门要依法采取必要的监管措施，保护青年大学生个人隐私敏感文件信息，让青年大学生可以自愿、放心地向学校提供涉及个人隐私的敏感文件信息。

（二）"大数据"视域下思政课教学方法改革

1. "大数据"视域下思政课教学方法存在的问题

毋庸置疑，大数据时代思政课教学方法既继承了小数据时代教学方法的优势，又借助大数据技术创新了教学方法。但由于大数据技术与思政课教学的融合并没有完全实现，大数据时代思政课教学方法在具体的操作过程中会存在不同程度的融合性问题。

（1）大数据时代思政课教学方法仍然较为单一

教学方法是教法和学法的统一。在具体的教学实践中，能否实现二者的辩证统一直接影响着思政课的教学效果。在大数据时代，思政课教学方法已经出现了新趋势。思政课教师能够通过大数据技术而获取更精准的数据信息。因此，他们在充分获取学生相关信息的基础上充分发挥大数据的强大预测功能，进行有针对性的教学，进而精准地实现立德树人这一根本目标。但是大数据与思想政治教育融合还存在技术难点，毕竟思政课教师并不是大数据专家，很难充分运用好大数据技术。这样，教学方法的精准实施还是难以完全实现，在具体的教学过程中还存在一定的粗糙化。当前高校基本上都是以网络教学方式来辅助思政课的课堂教学，教学方法的粗糙化表现为思政课课堂教学对网络教学方式的过度依赖，使用过于形式化。思政课教师使用网络教学方式展开课堂教学往往只重视理论知识的展示与传播，更多地采取灌输的教学方法。因此，很难调动学生的积极能动性。然而，过度依赖网络教学的思政课课堂教学会使得师生间缺乏知识、情感等方面的互动，降低教师和学生的主动性。疫情防控期间的网课教学就是佐证。这就会逐步导致教法单一化。然而诚如习近平总书记所言："青少年阶段是人生的'拔节孕穗期'，这一时期心智逐渐健全，思维进入最活跃状态，最需要精心引导和栽培"①。因此，思政课教师必须通过科学的教学方法来积极引导他们形成科学的世界观、人生观、价值观。但是教法的单一化会作用于学法，最终导致教学方法的单一化即粗糙化，不利于立德树人这一根本目标的实现。

（2）大数据时代思政课教学方法运用不合理

习近平总书记强调："要运用新媒体新技术使工作活起来，推动思想政治工作传统优势同信息技术高度融合，增强时代感和吸引力。"②在大数据时代，思政课教师大多通过网络教学方式来辅助课堂教学，能够加强思政课教学的传统优势同互联网有机融合。但是过度依赖网络教学方式会导致教学方法形式化、单一化，而教学方法的形式化和单一化在一定程度上反映了教学方法的运用不合理、融合不充分。思政课作为一门系统的理论课，课堂教学通过借助网络教学方式来展示与传播理论知识能丰富教学内容；但在使用网络教学方式的过程中没有处理好知识的体系和逻辑的关系，知识点之间会衔接不紧密或冗繁。而长时间使用网络教学方式，学生注意力很难集中，且思政课知识密度较大，若思政课教师在教学过程中速度过快，学生会因为分神且知识点过多而来不及理解和思考，这样对学生理解和掌握知识造成不良影响。并且，在运用网络教学方式进行思政课堂教学时，师生、生生间因为空间隔离等原因导致课堂学习氛围不浓厚。而思政课教师主要采取理论灌输法，这种大水漫灌的教学方法因其单调性，会使得学生对思政课逐步失去兴趣，甚至产生排斥心理，这就难以实现知识层面的教学目标，更不用说立德树人层面的教学目标。此外，在理论灌输过程中，师生间交流互动少，情感交流不足，不利于学生内化于心、外化于行，会使得思政理论课教学流于形式，

---

① 习近平.思政课是落实立德树人根本任务的关键课程[J].求是，2020（17）：4-16.
② 习近平在全国高校思想政治工作会议上强调：把思想政治工作贯穿教育教学全过程 开创我国高等教育事业发展新局面[N].人民日报，2016-12-09（1）.

对立德树人这一根本目标的实现产生不利影响。因此，办好高校思政课要合理运用教学方法，让教学方法为立德树人根本目标服务。

（3）大数据时代思政课教学方法兼容性较差

大数据时代思政课教学方法还存在兼容性较差的问题，具体表现为学生思维方式的碎片化、片面化与教学内容的系统化、教学内容的系统性与教学方式的混合性之间存在融合性矛盾。由于大数据时代是互联网的衍生物，与互联网息息相关，因而互联网的一些特征必然会承袭到大数据时代，比如信息传播的碎片化特征。而00后学生正处在世界观、人生观、价值观形成的重要阶段，其思维方式逐渐向抽象转变。再加上其信息辨别能力不强，易受到这种大数据时代信息特征的影响，思维方式易出现碎片化、片面化特征。而马克思主义理论是系统化的理论体系，这与学生思维方式特征产生了矛盾。当然，学生的思维方式呈现碎片化、片面化特征，并不意味着学生的思维方式具有不可逆转性，也不意味着二者矛盾无法"调和"。这就要求，思政课教师根据思想政治理论教育规律和学生成长规律，不断增强思政课的思想性、理论性和亲和力、针对性，将信息碎片化影响降到最小，引导学生形成独立思考的能力，增强其思维方式的抽象性，提高学生思维方式与教学内容的和谐性。

（4）大数据时代思政课教学方法的功能发挥不充分

思政课是学校意识形态工作的前沿阵地，其教学方法的功能发挥表现为思政课向学生传播什么样的内容以及如何传播的问题，即思政课教什么以及怎么教，这直接影响着教学目标的完成。在大数据时代，思政课教师可通过大数据技术搜集学生信息，对其进行分析与预测，对学生的思想动态和行为倾向做评估，进而有针对性地引导学生。但由于大数据时代的数据规模巨大，数据的搜集、存储、分析和运用对于思政课教师来说是个不小的技术挑战。因而，借助大数据技术的思政课必然要求思政课教师具备大数据等相关学科的专业知识及操作能力。由于思政课教师缺乏大数据相关学科的专业知识及操作能力，在教学过程中，对待学生的反馈信息只能借助于思政相关专业知识及教学经验来分析，难以兼顾到每个学生，很难挖掘学生反馈信息背后的真实原因。而在此基础上会导致教学方法的功能发挥不全或发挥失当，影响思政课教学的效果。当然，专业技术人员在搜集、存储、分析和使用大数据方面不存在任何问题，但是又不具备思政课学科的基础，难以服务于思政课教学，实现精准思政，充分发挥思政课教学方法的功能。因此，在思政课教学过程中教学目标的实现需要思政课教师有过硬的大数据技术运用能力，有效地发挥大数据时代思政课教学方法的作用。

2."大数据"视域下思政课教学方法的创新

选取教学方法的原则一是根据教学内容选择教学方法,有些内容适合感染教育的方法,比如理想信念的问题,如果将先进人物和榜样的光辉事迹采用多种艺术化的表达方式,那么就会更容易感染人。每年岁末年初的《感动中国》栏目就是一种很好的实践。当然,限于时间地点和条件,有些内容无法充分展示,也可以结合其他方法进行教学。二是根据教育对象选择教学方法。本专科学生学情不一样,理工科学生和文科类学生的学情也不一致,西部地区学生和东部地区学生的学情亦有差异,根据教学对象不一致,在讲授过程中,既需要全面观照特殊性,也要保证一般性。三是根据具体目标任务和内容的不同选择教学方法,做到灵活应用和综合使用有效的教学方法,尽量不采用一刀切的简单化的教学方法,该使用比较教育法的时候用比较教育法,该使用激励教育法的时候使用激励教育法,要按照时代要求和学生期待使用合宜的教育教学方法。

大力推进思政课教学方法改革,提升思政课教师信息化能力素养,推动人工智能等现代信息技术在思政课教学中应用,是深化新时期思政课教学改革创新的基本路径和方法之一。究其缘由,主要因为当前部分思政课教师在网络信息时代,信息搜集处理和判断应用能力较弱,意愿不强,很难适应学生走到哪里,思想政治教育就要跟进到哪里的时代要求。就网络思想政治教育理念和方法而言,部分老师虽然知道学生都在网络空间,但是迫于自己没有信息跟进和观点表达能力,也就无从做到引导和教育。如此一来,小课堂的教育教学成效难以体现,毕竟不是每个学生都能在一节课之内就能消化和吸收,何况思想政治教育还是一种润物无声的集合理论与实践案例,知行合一的教育。为此,思政课教师需要不断提高信息交流的素养和能力,以便于在课下课外吸收最新的理论成果,与时代同节拍,与学生同视角,将小课堂与大社会有机联系起来,促进课堂教学生命力不断获得延伸和成长。具体来讲,"大数据"视域下思政课教学方法的创新包括以下几个方面:

(1)创新多元教学方法

在新时代下办好思想政治理论教育意义重大。因此,我们要高度重视思政课,创新教学方法,增强其融合性。在大数据时代,高校基本上都是以网络教学方式来辅助思政课的课堂教学。但部分思政课教师认识不充分,导致依托慕课、微课等网络教学方式的线上教学与传统的课堂教学、实践教学等线下教学存在分离的问题,使得思政课教学方法单一化。当然,我们并不是要求用大数据时代的教学来取代传统的教学,也不是对大数据时代教学的否定。因此,思政课教师要把握好线上教学与线下教学的平衡性，将教学方法有机融合其中，实现教学方法的创造性应用。

首先就需要思政课教师提高对大数据时代及思想政治教育规律的认识，转变以往单线性思维，树立大数据意识。这是进行思政课教学方法创新及其应用的首要前提，在此基础上创造和运用具有更高耦合性的多元教学方法。在教学过程中，思政课教师通过慕课等平台收集、存储、整合和分析学生数据，了解学生的思想动态和行为趋势，并根据学生特点等进行分组，有针对性地利用慕课、微课等相关载体平台，丰富和发展线上教学，设计符合学生习惯的教学方案，精准化地采取教学方法，创新课堂形式，发挥学生主观能动性。在这一过程的作用下，思政课教师在原有基础上不断加强对大数据时代及思想政治教育规律的理解，增强大数据意识，使得大数据在思政课教学中发挥出实效，提高思政课教学方法在教学过程中的耦合性。思政课教师根据学生分众化特点，借助慕课、微课等平台将滴灌与漫灌教学模式结合起来，精准向学生推送相关的教学信息，满足学生个性化的成长需求，引导他们树立科学的世界观、人生观和价值观。

此外，思政课教师需要将线上教学与线下教学有机结合，充分发挥慕课、微课等线上教学优势来弥补小数据时代思政课教学方法的不足。虽然小数据时代教学方法存有非常丰富的师生情感交流，师生能够通过彼此的语调、神情、语言等直接交流互动，学生能够得到及时有效的反馈，特别是思政课教师能够通过其语言艺术，让学生现场感受到思政课的魅力，但是往往过于关注了课堂教学而忽视了课后教学，往往过于关注了整体教学效果而忽视个别学生的个性化成长需求，往往过于关注了大水漫灌的灌输教学而忽视了精准滴灌的精准教学。而将线上教学与线下教学相结合，思政课教师不仅能与学生展开情感交流，还能关注了课堂教学和课后教学、整体教学效果和个别学生的个性化成长需求、大水漫灌的灌输教学和精准滴灌的精准教学效果。既能发挥小数据时代教学方法的优势，又能发挥大数据时代思政课教学的优点，弥补小数据时代思政课教学方法的不足。

因此，思政课教师需要在牢固树立大数据意识的基础上，将慕课、微课等线上教学与线下教学有机结合起来，创新并创造性应用教学方法，实现大数据时代思想政治教育的亲和力、个性化和针对性。

（2）提高教学方法运用的精准化

大数据时代的慕课、翻转课堂等新型网络教学方式弥补了传统教学方法的不足，能够不断提升思政课教学的亲和力和针对性。但是任何事物都存在两面性。慕课、翻转课堂等的运用是面向学生，思政课教师搜集的数据主要集中在他们学习方面，而其他方面的诸如反映思想道德方面的数据则存有不足甚至空缺。毋庸置疑，数据的丰富性直接决定了思政课教学的精准性。因此，思政课教师要合理合法延展学生数据搜集面，扩大学生数据供给，实现学生数据校内良性循环，并根据相关数据分析的结果，有效对接学生的成长需求，实施精准教学，并且合理地运用教学方法，引导学生树立正确的世界观、人生观、价值观。

必须注意的是，在大数据时代，思政课教师更侧重于慕课、翻转课堂等，忽视传统的课堂教学，甚至想取代它，这是极端错误的。因此，思政课教师还要继续充分发挥传统教学方式的优势。在此基础上根据教学内容保持与时俱进，有针对性地选择恰当的教学方法，提高思政课的粘合力、吸引性、生动性。

思政课教师要提高教学的精准度和教学方法运用的效度，就需要发挥慕课、翻转课堂等的优势，同时充分运用大数据技术精准地满足学生的成长需求；发挥传统思政课课堂教学的优势，不断丰富和完善课堂教学等教学方式。这样就能够实现大数据时代思政课教学的亲和力和针对性，提高思政课教学的精准性。

（3）提高教学方法的兼容性

大数据时代思政课教学方法存在兼容性较差的问题，主要表现为学生思维方式的碎片化片面化与教学内容系统化、教学内容系统性与教学方式混合性之间融合性的矛盾。这就要求思政课教师既要兼顾教学内容的系统性，又要兼顾学生的思维特点，即思政课教师要把握好教学内容的系统性与学生思维特征之间的相对平衡，不断增强思政课教学的思想性、系统性和针对性，促使学生的思维方式逐渐向系统化方向转变。思政课教师需要根据学生思维特征，有针对性地选择慕课等教学方式，结合相应的教学方法，让学生掌握好知识。思政课教师要根据慕课等知识逐渐构成一个较为系统的知识。依托慕课、课堂教学等平台并结合相应的教学方法能有效缓解学生思维方式碎片化与教学内容系统化之间融合性的矛盾，这为思政课教学方法兼容性的改善提供了前提。

在大数据时代思政课教学丰富多样，呈现混合性特征。思政课教师要根据知识结构及重难点分布，精选教学方法。思政课知识体系庞大、内容复杂可使用翻转课堂教学方式讲解重难点，再结合课堂教学系统讲解马克思主义理论，之后学生在课外等其余时间进行反馈吸收；学生也可通过多节慕课学习思政课教学内容的重难点，而之后思政课教师再通过课堂教学方式，将知识梳理系统化。同时思政课教师要兼顾教学内容与教学目标的关系，根据教学内容的特点，有针对性地选取教学方法与实践教学相结合，最终将其落实到实践中去，实现立德树人这一根本任务。将教学内容系统性与教学方式混合性有机结合，发挥其内在融合力，实现系统最优化,能够有效缓解教学内容系统性与教学方式混合性之间缺乏融合性矛盾。

(4) 提高教学方法的功能

要解决好大数据时代思政课教学方法功能发挥不充分的问题就要充分发挥思政课教师的主观能动性。一方面,思政课教师要转变教学理念,将大数据思维应用于思政课教学全过程中,推动教学方法的创新发展。在教学过程中,思政课教师紧紧围绕立德树人这一根本目标,结合多种教学方法,将慕课等线上教学与课堂教学等线下教学相结合,充分发挥大数据时代思政课教学方法的功能作用,增强思政课与大数据技术所呈现的慕课等平台的融合性。因而,大数据技术为思政课教学方法的创新提供了数据资源。另一方面,思政课教师要接受专业培训,掌握大数据相关操作能力,且加强与专业技术人员合作。这样就能够有效弥补大数据技术短板,促进思政课教学精准化,最大化发挥思政课教学方法的功能。思政课教师对慕课等平台的学生学习数据进行分析,能较为全面分析学生的学习情况,对学生做形成性评价。而传统教学方法对学生的评价主要表现为成绩,即终极性评价。而思政课教师借助大数据技术对学生做的评价是思政课教学方法功能发挥的表现,相应地学生的评价也会促进思政课教学方法功能的发挥。

第三节 "立德树人"视域下的高校思想政治教育

一、立德树人的内涵

党的十八大要求将立德树人作为教育的根本任务,并在党的十八届三中全会上将其上升到党的教育方针的高度,其重要性可见一斑。2019年2月,中共中央、国务院印发《中国教育现代化2035》方案,提出全面落实立德树人根本任务,广泛开展理想信念教育。当代大学生是中华民族伟大复兴的参与者和见证者,也是社会主义现代化建设的中流砥柱,因此,立德树人必须以提升大学生的理想信念为抓手,关键是培养大学生的爱国主义精神。

当前,我国正处于实现中华民族伟大复兴的关键时期,面对着纷繁复杂的国际形势,如何培养有理想、有素质、有道德、有技术的大学生,显得尤为关键。因此,立德树人的根本目标是培养一批德才兼备的高素质人才,为社会主义现代化建设提供强有力的思想保证和智力支持。这就赋予了立德树人鲜明的时代印记,也是实施素质教育的根本目的。立德树人的核心是道德教育，产生于对生命意义的反思，植根于教育和生活的实践中。

立德树人所立之德，就是要立传统美德，继承中华民族优良的传统美德。中华民族优良的传统美德是孕育我国现代教育理念的源头活水，立德树人的中华文化基因主要体现为世俗性、超越性与政治性。这就要求我们在教育实践中采用兼容并蓄的方法，既要继承和发展中国古代优秀传统思想，又要将现代道德规范融入课堂教育中，将现代道德教育理论与人文精神结合起来，对传统道德教育中的不合理之处，如片面灌输、重教条轻生活等进行改造，使其焕发出具有鲜明时代特征的新的生命力。教育是国家发展和社会进步的动力，而社会的可持续发展不是孤立的，与人的可持续发展是相辅相成的，这就要求教育必须将学生的个人发展与社会发展联系起来。学生通过在学校学习获取知识和技能，提升综合素质，实现"德、智、体、美、劳"的全面发展，这其中"德"的发展包括高尚的道德品质、富有社会责任感、心怀爱国主义精神和家国情怀。这需要不断更新教育理念和教育机制，以适应经济社会的发展需要，为国家培养更优秀的人才。

由此，立德树人被赋予了新的时代内涵。当前，我们国家面临着个别国家的种种限制，特别是一些"卡脖子"的技术领域，这就决定了我们培养的大学生要具备全球竞争力。因此，当代大学生必须具备艰苦奋斗、吃苦耐劳的精神，对党和国家的事业绝对忠诚，愿意为祖国的现代化建设奋斗终生。"立德"要求教育必须以道德教育为核心，重点是培养学生具有爱国主义精神、具备高尚的道德和品行；"树人"要求教育必须坚持以人为本，为社会培养有创新精神、有责任担当、有进取精神、对社会有用的人。"立德"是"树人"的前提和基础，"树人"是"立德"的目的与归宿，立德树人突出了"立德"和"树人"的整体性，表明了二者紧密联系，缺一不可。

二、"立德树人"在高校思想政治教育中的形成基础

（一）马克思主义关于人的全面发展理论

马克思认为，人有思想和意识，人性呈现出一定的复杂性，而复杂性使人获得了多方面的发展。人的发展走向了自由和全面，人具有根据环境的变化而发展的能力，人的能力也会不断提高。党的一个优良传统就是重视对青年的培养，根据时代的不同，中国共产党在前进中拓展了大学生全面发展的内涵。党的十九大报告中，习近平总书记强调，要全面贯彻党的教育方针，落实立德树人根本任务，

发展素质教育，推进教育公平，培养德智体美全面发展的社会主义建设者和接班人。新时期大学生的全面发展，关键在于综合素质的全面发展，即大学生思想道德素质身心健康的全面可持续发展

（二）中华优秀传统文化蕴含的立德思想

立德树人理念内涵博大精深，是对中华传统文化的传承和延续，是中华民族积累下来的精神财富，体现了中国人民的聪慧和创造力。充分把握立德树人理念和中华优秀传统文化之间的密切关系，有效促进立德树人理念在新时期的发展伦理道德是中国传统文化的精髓。崇尚伦理道德是中国封建社会维护尊卑秩序调节人际关系的重要准则，比如中国文化中的"厚德载物"朱熹认为道德教育是理学教育的核心。

首先，中华传统文化关于道德修养的表现在于做人若想成功，必须谦虚谨慎、心怀若谷，比如孔子的"三人行，必有我师"。朱熹认为，树立远大志向和抱负是自我道德修养的第一步。当有人问他"为学功夫，如何为先"时，他回答："亦不过如前所说，专在人自立志。既知这道理，办得坚固心，一味向前，何患不进。"既然立志这么重要，那应该确立什么志向呢？要确立成圣贤的志向。对此，他曾这样表述："所谓志者，不是将意气去盖他人，只是直截要学尧舜。"其次，强调做人当有鸿鹄之志，比如孔子曰："三军可夺帅也，匹夫不可夺志也"。再次，中华传统文化的代名词"仁、义、礼、智、信"影响深远，备受世界各国道德学家所推崇，是对重视道德的最好阐释。因此，培养品行高尚的人，符合立德树人的时代要求。在坚持对中华传统文化的推陈出新中，做到古为今用。中华优秀传统文化闪耀着道德修养的熠熠光辉。新时期高校坚持把立德树人理念扎根于中华传统文化的肥沃土壤中并且融入思想政治教育之中，培育德才兼备，以德为先的奋斗者和拼搏者。在怎样立德的层面上，要树立中华传统美德，端正认识、修身养性、讲究诚意，实现对中华传统文化的发展和弘扬。

三、"立德树人"视域下高校课程思政教育改革与创新

（一）"立德树人"视域下高校课程思政教育改革与创新的意义

1. 有利于促进中国社会主义现代化建设

目前，仍有部分大学生对马克思主义和中国特色社会主义道路不坚定，没有真正意识到为人民服务的重要性，不能承担起改革开放复兴中国的重任。这就要

求高校思政工作必须更高质量地完成，推进课程思政改革步伐，培育出具有坚定社会主义信仰的现代化建设接班人。除此之外，发展中国特色社会主义是历史的选择，是时代的选择，满足社会基本发展规律。中国的社会主义道路是历史的选择，是人民的选择，是马克思主义同中国实际相结合的成果，我们需要对中国特色社会主义道路充满自信，勇于面临道路上的各种困难，坚持不懈地走下去。高校推进课程思政改革就是让学生在每一节课程当中都融入思政思想，在每一节课中都认识到自己背负的使命，形成"四个自信"，课堂中的每一项任务都有着相应的使命和任务，可以让学生在潜移默化中建立起社会主义接班人的意识。

2. 有利于促进我国立德树人基本目标的实现

高校之所以进行课程思政改革与创新，就是想要激发起学生的爱国意识，努力培养出踏实肯干，愿意报效祖国的人才，将社会主义核心价值观融入学生的行为当中，激发学生的使命感，自觉将个人学习和个人目标与国家融合在一起，从而真正实现立德树人。另外，在新时期，我国的社会矛盾发生了变化，我党对此有着清楚的认知并给予相应的解决方案，最终目的就是要以其先进的领导能力和战斗能力给予中国人民更好的生活。中国的高校是中国共产党培育人才的重要阵地，需要为国家源源不断地输送社会主义先进接班人，立德树人正是为了更好地培育人才，培育出具有先进思想的，能够为中国社会主义现代化建设出一份力的，能够勇于担起时代重任的先进青年。

3. 有利于推进高校政治教育工作开展

想要建立起有中国特色的高校，就要重视高校内的政治教育。近几年来中国经济发展迅速，已经成为世界第二大经济体，但是中国的教育尚未走在世界前列，虽然近年来已经取得较大进步，但是与世界大国相比仍然存在显著差距。近几年来，中国对高校进行了双一流建设，在建立起世界一流高校的同时也不能忽视中国特色。这里讲的中国特色就是"四个服务"。因此高校既要努力进行双一流建设，也应该重视其思想政治教育工作的开展。另外，进行高校政治工作有利于培养新时期人才，不光在高校中需要开展思想政治工作，在共产党中间也需要开展此项工作，思想政治工作可以说是我党能够取得胜利的重要因素之一。开展思想政治教育工作有利于帮助学生建立起马克思主义思想，认识到马克思主义思想的优越性，建立起正确的价值观念，今后能够更加积极地投入到社会主义现代化建设当中。推进高校思想政治教育工作是一项大工程，我党必须认识到这项工作的重要性，在打好基础的前提下顾全大局，与高校并肩战斗。

（二）"立德树人"视域下高校课程思政教育改革与创新途径

1. 以创新力量驱动高校课程思政教育改革发展

马克思主义认为理论既需要靠实践验证，也可以指导实践。实际上，进行课程思政教育本质就是一场创新，这一方法有利于推进高校思想政治工作的开展。因此，应该让教师认识到进行课程思政改革教育的重要性，提高每一位教师的思想觉悟，端正每一位教师的政治态度，这样才可以更好地建立起学生的意识与观念。其次，要完善课程思政改革的组织结构，保证改革切实做到实处，每一名人员都有相应的义务和责任，对下达的任务要层层落实，避免出现偷奸耍滑的现象。最后要加强监督，想要让课程思政改革取得令人满意的效果，既需要事前进行完善的规划，出台相应政策，给予制度保障，提供充足的经费，也需要加强监督，保障改革各项举措切实落到实处。想要进一步推进思政教育改革发展，可以建立起专项小组，对参与到其中的教师进行统一培训，制定相应的考核标准与考核方案，最终汇集各方力量，促进思政教育改革发展。

2. 以立德树人为目标，建立并优化课程思政教育改革体系

以立德树人为目标，建立起相应的管理机制，促进改革的每一项步骤能够落实到位。可以在学校内选出几门课程作为试点课程，将整个学校内部可以使用的资源进行整理与优化。想要推进课程思政教育改革必须需要领导阶层的认可，需要在领导的管理下理清各级管理层次的责任与义务，打下坚实的组织结构基础。还可以设立起一个组织领导小组，组织开展各项工作，领导小组将各项任务布置下去然后按时进行检查，各个相关部门对领导小组派发下的任务应该及时完成，并按时汇报，领导小组布置任务时需要简洁明了，各个部门在完成任务时要把握时间，保证质量，如此配合起来，可以高效迅速地完成各项任务。最后，想要进一步提升思政教育体系改革质量，应该建立起长期有效的激励措施，在对教师进行评优或职称评定时，应该考虑其授课过程中的课程思政能力，同时每年年末都要针对课程思政这一专项任务选拔出的优秀教师，还可以设立专门的课程思政专项项目，鼓励教师参与到项目的申请与研究当中，增加相关投入经费，用于奖励教师和项目调查当中，可以有效助推改革进程。

3. 努力提升教师水平和整体师资力量

就目前全国形势而言，高校内部需要能够进行课程思政教学的师资力量是一个很大的需要。教师想要承担这一责任，首先要树立起正确的政治方向，做到廉洁自律，这一点做不到就谈不到提高自身水平。进入到新时期以后，知识传播的

速度大大加快，高校教师不能固守原有的知识，应该时刻学习新知识，这样才可以使其传授的内容符合时代潮流，帮助学生建立起正确的价值观念。其次是邀请他人进行教学，进行教学方式上的创新。教师在自己有了一定的课程思政经验基础之上想要更好地将这种思想传递给学生也需要一定的方法，每一名教师都有自己独特的教学方法，但不同的教学方法会产生不同的教学效果，有的教学方式学生愿意接受，可以邀请这样的老师分享自己的教学心得，让每一位老师进行学习与借鉴，这样可以实现方法上的进步与创新。最后要加强培训，主要培训教师的教学方法，学校要建立起具有特色的培训方案，解决教师在授课时存在的问题，让学生理解思政教育的必要性，从而更好地传承我国优秀文化，最终形成向前发展的协同力量，促进思政教育的顺利开展。

四、"立德树人"视域下的大学生进行爱国主义教育

（一）"立德树人"视域下对大学生进行爱国主义教育的意义

1. 爱国主义教育事关国家的前途和命运

要想培养大学生的爱国主义精神，就必须结合中国特色社会主义的制度，紧密围绕着中国特色社会主义道路自信、理论自信、制度自信、文化自信进行，在与时俱进的同时，不断丰富爱国主义教育内容。当前，我国进入社会主义现代化建设的新阶段，这种历史新起点和新机遇对高等教育提出了新要求，大学生不仅要掌握新技术，更要具备爱国主义精神。高校教师需要将爱国主义教育贯穿整个育人的全过程，规范高校学生现有的思想政治观念，培养高校学生的担当意识、责任意识和大局意识，使其成为社会主义现代化建设的合格人才。

2. 爱国主义教育有助于增强大学生的危机意识

2020年伴随着新冠疫情的大爆发，少数国家为了转移国内危机，对中国企业使用了包括技术在内的多种制裁手段，限制中国的发展。在这种错综复杂的国际形势下，开展新时期爱国主义教育变得尤为关键。高校教师应该不断拓宽国际视野，将爱国主义教育与国际时局紧密相连，将社会主义思想政治理论与中华优秀传统文化融入爱国主义教育中，增强大学生的大局意识和危机意识，树立牢固的是非观念，才能够抵御西方腐朽的价值观，向世界传递中国正能量。

3. 爱国主义教育有助于培养大学生的家国情怀

立德树人的核心是道德教育，爱国主义教育是道德教育的重中之重。因此，在大学生思想政治教育和精神文明建设的过程中，必须大力弘扬爱国主义精神，

长期开展生动的爱国主义理论教育和宣传活动。这不仅是思想政治教师和辅导员的工作,也是所有高校教师的任务,需要所有教育工作者通力合作。大学生的爱国主义教育必须与社会主义现代化建设的发展阶段相呼应,在课堂上引导学生的思想政治观念、爱国意识和家国情怀。弘扬爱国主义精神,积极引导和熏陶大学生热爱祖国、勇担使命,厚植家国情怀,增强其家国认同感和归属感。

(二)"立德树人"视域下提升大学生爱国主义的途径

1. 加强教师队伍建设

大学生爱国主义教育的传播者是高校教师,高校教师队伍思想政治建设,决定了大学生爱国主义教育的质量。因此,必须加大教师队伍建设,高举爱国主义旗帜,扎实推进爱国主义教育,培养大学生的爱国主义精神。

第一,坚持党的领导,提高思想政治教育工作者的党性修养。高校思想政治教育工作者是大学生爱国主义教育的主要传播者,应该积极提升党性修养,牢固树立为党和人民事业奋斗的思想观念。坚持中国共产党的领导,为大学生爱国主义教育指引方向。高校思想政治教师应该自觉加强党性修养,大力弘扬新时期爱国主义精神,为社会主义教育事业贡献自己的力量。

第二,爱国主义教育应贯穿高等教育全过程。一方面,高校要修订人才培养方案,完善爱国主义教育课程体系,将爱国主义精神渗透到各个年级的教学课程中,将爱国主义教育与课程思政紧密结合,内化到所有学科中。另一方面,高校思想政治课教师也需要将爱国主义教育应用到实践中去,如组织学生在五四青年节观看爱国主义电影,举办相关主题演讲或者座谈会等。

第三,加强教师队伍的整体建设。爱国主义教育的发展离不开高素质教师队伍建设,教师队伍整体素质的提高,有助于大学生爱国主义教育效果的提高。家国情怀和公民意识的培养是高校爱国主义教育的重点,高校教师应该以爱党、爱祖国、爱社会主义为支点,全面提升大学生的思想道德素质。

2. 优化课堂教学方法

学情的不同,意味着教学方法的改变。在全面建设社会主义现代化国家的新时期,高校教师应该结合国内国际形势,不断优化教学方法,更新教学理念,破解爱国主义教育过程中的各种难题,促进大学生爱国主义精神的培养。

首先,提升教学内容的适用性。培养爱国主义精神是大学德育教育的一个重要组成部分。当前,随着时代的变化,爱国主义精神的培养有了新的内容,这就要求我们及时地将这一变化融入教学内容当中,使其具有鲜明的时代特征。通过强化教学内容的时代性和针对性来丰富爱国主义教育的教学内容，激发大学生的爱国情怀。

其次，增强课程内容的针对性。由于各个年级学生在认知水平、对待事物的理解能力等方面存在一定的偏差。因此，有必要为不同年级的学生提供有针对性的教学内容，做到因材施教、精准育人。例如，对于知识储备不足、思想不成熟的大一学生，可以采用多种教学手段和方法，着力培养学生的爱国主义热情，树立正确的价值观。对于有了一定的爱国主义理论，缺乏实践经验的二、三年级学生，可以多开展一些爱国主义实践活动，用实际行动提升爱国主义热情。对于即将走上工作岗位的大四学生，可以在职业生涯培训方面融入爱国主义思想，将他们个人职业选择与国家命运紧密结合，使其树立为国家、民族事业奋斗的理想信念。

3. 借助网络扩大爱国主义教育的影响力

当前，随着5G技术的快速发展，大学生的学习和生活都已经离不开互联网，网络已经成为大学生获取资讯的主要途径。因此，高校在进行爱国主义教育的过程中，必须充分发挥网络在宣传领域的重要作用，积极引导大学生树立正确的价值观。一方面，需要在网络上广泛宣传爱国主义题材的文化作品，让互联网充满爱国主旋律。另一方面，利用互联网传播爱国主义题材的影视作品，能够克服传统课堂"灌输式"教学的弊端，使爱国主义教育更有吸引力。提高大学生爱国主义教育的效果，就要利用互联网不断扩大和加强爱国主义教育的影响力，使爱国主义教育能更深入人心。首先，强化网络课程建设。随着信息技术的快速发展，高校的所有课程基本实现了"线上"与"线下"的协同发展，依托先进的在线教育平台，极大地丰富了课程教学内容。在此背景下，应该将爱国主义专题教育纳入教学内容，以最直观的方式向学生展示爱国主义精神，这将大大提升爱国主义教育的效果。其次，应加强网络学习平台的开发与应用。开发爱国主义教育的网络平台，将爱国主义素材整合到一起，形成爱国主义宣讲资源库。学习强国App就是一个很好的例子：它将党的发展历程中所有信息整合到一起，内容丰富翔实、形式新颖。由此可见，一个好的网络宣传平台，会极大地调动大家学习的积极性和主动性，使爱国主义教育起到事半功倍的作用。

第五章　新时期高校思想政治教育协同育人机制

本章主要介绍了新时期高校思想政治教育协同育人机制，主要从新时期高校思想政治教育协同育人机制的内涵、新时期高校思想政治教育协同育人机制的优势、新时期高校思想政治教育协同育人机制的类型三个方面展开论述。

第一节　新时期高校思想政治教育协同育人机制的内涵

一、高校思想政治教育的协同内容

（一）思想的协同

在全媒体融场域下创建思想政治教育协同育人体系，高校应具有全局意识，加强对全媒体运行机制了解，深究思想政治教育活动要求，然后从宏观角度出发开展顶层设计，肯定自我主体地位，兼顾育人体系中的思想理念、评价体系、制度建设，实现统一。首先，肯定全媒体"融思维"重要性，肯定思想政治教育"宏理念"的存在意义，并促进两者融合。近些年来，强势崛起的全媒体为高校思想政治教育早日达成"提质增效"创造了重要契机。此时，高校在构筑思想政治教育协同育人体系时应做到与时俱进，将"三全育人""四全媒体"融为一体，通过知悉调整大学生思想政治教育所需，知悉新旧媒体的优缺点，以此为据，实现对"纸、网、端、微、屏"的综合应用，本着循序渐进的原则将"融量、融质、融性"工作落实到位，促进"融媒体"积极影响作用的体现。

其次，从动态角度出发对思想政治教育效果进行梳理，在全媒体手段的帮助下，实现对思想政治教育实效的测量和评价。经过了解发现，大学生的思想问题兼具诸多特点，比如反复性、动态性、周期性。众所周知，面对在读大学生，高校肩负着教育和再教育的重任,旨在通过思想政治教育活动的进行,促进大学生综合素质提升。因此,高校在创建和完善思想政治教育评价体系时应注重闭环重塑功能的充分发挥,将全媒体手段视为利器针对该体系的组成要素做必要统计,并进行数据聚类分析,在优化结论的同时发现新的问题,以新问题为参考,针对大学生启动再教育活动。此外,对思想政治教育效果作动态测评,此举又具有查漏补缺的效果,而且能够促使现有体系升级优化,促进内循环的形成。

最后,在全媒体融场域下,网络行为失范现象时有发生,对于高校思想政治教育而言,网络素养已然成了现阶段不得不关注的重要课题,而且需要将其提升至与网络思想政治教育制度建设同一高度。通常来说,在建设网络思想政治制度时高校应兼顾两方面:一是需要将现有的政治规定、运行机制、执行准则等落实到位,另一方面需要适度加大对网络舆情、媒介应用、舆情教育制度的考量,尽可能为网络思想政治教育活动的有序推进奠定基础。

(二)内容的协同

知悉并尊重思想政治教育内容发展规律是创建思想政治教育内容体系的必要前提,同时需要梳理时代发展与社会生活之间的内在联系,才有可能促使教育内容与社会产生互动,让两者处于和谐状态中,且拥有源源不断的成长能力。在新时期全媒体融场域下,高校需要将时代因素融入到理论、实践和管控活动中,以此为据丰富高校思想政治教育内容体系,面对传统内容提取精华,去除糟粕,并注重内容延展,将以下原则视为重点。

首先,强化基本理论内容,结合客观所需促使基本理论内容向着多元化方向发展。从理论角度来看,坚守马克思主义意识形态基本理论内容,有助于高校思想政治教育活动坚持发展方向,且契合时代发展。高校还需要加强对全媒体技术的合理应用,将其作为优化基本理论内容的重要利器。固守基础,并实现创新。高校作为教育主体在满足内容创新三维度要求的同时,还需要赋予思想政治教育内容更多表现形式,并注重其科学性、有效性和人本性的增加。举例说明,在设计和优化教学 PPT 时加强对 HTML 的合理应用,将学校的微信公众号平台作为内容公布的首选,开启问卷调查活动时实现对网络 APP 端的使用,有意识地将MOOC 融入高校思想政治理论课的实践教学中。此外,在视听新媒体技术的帮助下赋予课程思政更多趣味性,增加其感染力和实效。

其次,在全媒体融场域下,高校应加大对实践内容了解,将其作为理论内容不可或缺的补充,提升各类学习载体的出现概率,以受众需求为据,体现全媒体方式实践效果。举例说明，高校在举办以下活动中需要将思政元素融入其中，一是奖学金评定和发放；二是贫困生的识别和资助；三是诚信活动教育开展；四是班级文明和宿舍文明建设等。同时，思想政治教育实现了对全媒体"号召力"这一功能的应用。比如，基于XML技术实现思想政治教育大数据模型的构筑，丰富实践内容呈现方式，给予思想政治教育活动更多针对性、时效性与实效性等特点。

最后，合理管控思想政治教育内容。全媒体融场域下的思想政治教育活动实施效果与外部网络环境之间有着密切关联。高校应具有强烈的危机意识，以事实为据，为网络思想政治教育内容建设和制度建设奠定基础，安排专人负责学校官网建设，注册官方微博、抖音号等，在主流媒体的帮助下，将存在于教育环境中的负能力剔除在外，当全媒体传播如愿在法治轨道上运行时，高校思想政治教育的"纯正度"定会得到改善。

（三）方法的协同

2019年1月25日，习近平总书记在中共中央政治局就全媒体时代和媒体融合发展举行第十二次集体学习时，提出"四全媒体"概念，迅速在传播领域内成为焦点。"四全媒体"是指全程媒体、全息媒体、全员媒体、全效媒体。[1]

全程媒体与全过程育人。全程媒体是指全媒体充分发挥交互作用的表达方式，它能够有效化解时空带来的束缚，见证大学生成才全过程。此时，高校需要根据各年级学生学习目标与学生个性化所需，将全媒体手段融入课堂教学、实践活动的开展中，继而促进不同教育目标的顺利达成，将思想政治教育的全过程育人呈现到公众面前，并注重改善。

其次，全息媒体与全方位育人。具体来看，全息媒体依赖技术性载体，为信息传递提供更多路径和选择空间，打破一维物流介质传播所具有的局限性。在开启思想政治教育活动时，高校需要从总体角度出发，借助数据分析、观察法等方式对碎片化资源的发展和传播规律等进行梳理，为学生随时接受教育提供更多可能性，促进立体化协同育人优势的显现，最终实现全方位育人这一目的。

再次，全员媒体与全员育人。全员媒体打破了主体尺度的桎梏。结合思想政治教育活动来看，在全媒体使用人员的推动下，思想政治教育原有的"一对多"特点将会逐渐被"多对多"所取代，助力全员育人目的达成。具体来看以上目标实现需要做到两点：一是在学生党员、党支部书记、二级党委、党委等参与主体

---

[1] 推动媒体融合向纵深发展巩固全党全国人民共同思想基础[N]. 人民日报,2019-01-26(001).

的努力下促进纵向层状结构思想政治教育队伍的形成；二是在学生、家庭、社会、学校的推动下完成横向网型结构思想政治教育队伍的组建。伴随着两支队伍"意见领袖"作用发挥，全员媒体能够实现对全员育人格局多层次多维度的打造。最后，实现全效媒体与"三全育人"整体效果。

在全效媒体的协助下，"三全育人"公共概率能够得到大幅提升。同时，"三全育人"各环节能够实现彼此衔接，为育人成果的顺利转化创造更多有利条件，给予各参与主体更多责任感。

从以上分析中能够得出，高校必须要出台各种措施来推进思想政治教育协同育人机制。其中，针对内容协同，可以仔细做好以下两点。

（1）政治素养教育协同

思想政治教育开展中，培育学生政治素养是其中主要内容之一，具体内容涉及思想品德教育、思想政治素养教育等。某种层面上，思想政治素养教育其中涵盖党建团建有关内容，学校应该引导学生增强入党积极性，促进多元化党团活动有序开展。从广义层面上看，学生心理教育也属于思想政治模块的内容，辅导员在做好对学生思想政治教育的基础上，还应该做好与学校心理咨询处专业老师的配合交流。

（2）就业指导协同

高校教育工作开展中，就业指导是其中主要内容之一。首先，高校教育开展应该严格遵循以就业为导向的原则，为学生开展就业指导期间应该严格结合不同学生的实际有序进行，健全优化高校就业指导平台。其次，学生入学之初，学校便应该为其开展相应的职业规划指导，引领学生确立发展方向。最后，在职业规划教育上，学校还应该将心理教育机制引入其中。

二、高校思想政治教育协同育人的理论基础

（一）马克思主义的普遍联系观和历史合力论

马克思主义从系统科学层面引导我们如何认识世界，掌握社会发展规律，从而来改造世界。马克思主义存在前瞻性的特点，也给人们开展思想政治教育协同育人机制相关分析提供理论支持。唯物辩证法是马克思主义理论中最重要的理论组成，辩证法中的内容核心便是强调联系、发展的观点，从本质上对事物发展规律进行阐释。马克思主义哲学原理的科学性和实践性，为我们做好大学生思想政治教育协同育人机制分析提供了很好的理论支持。

1. 马克思主义的普遍联系观

唯物辩证法指出我们应该从联系层面来进行问题分析，从全面角度对事物进行分析。高校教育教学实践工作开展中，思想政治教育作为其中重要组成部分，与不同领域和其他学科之间彼此影响和关联，共同构成系统健全的高校学科教育体系。其中，高校思想政治教育工作顺利开展，除了要求我们协调高校内、不同高校间以及高校外多元化育人要素关联，确保这三个层面能够协调发展并维持一致性，还需要关注三者内部不同要素的协调和配合。

马克思唯物辩证法理论中，普遍联系观点是其中重要的基本原则之一。马克思指出，事物间及其内部不同要素之间存在彼此制约与影响的关系。事物普遍联系观集中表现为联系具有物质统一性的特点。世界万物均处于普遍联系之中，恩格斯指出："当我们深思熟虑地考虑自然界或人类历史或我们自己的精神活动的时候，首先呈现在我们眼前的，是一幅由种种联系和相互作用无穷无尽地交织起来的画面。"① 所以，从中可知，不管是在精神世界，还是在物质世界，普遍联系性是无处不在的，并且联系还具有客观性特点，人们的意志不会对联系产生影响。当且仅当处于普遍与客观的联系中，万事万物才得以不断向前发展。

联系具有普遍性能够从下列两个角度进行理解。首先，任何不同事物间均具有彼此依赖并相互影响的联系；其次，同一事物内部不同要素的联系也是彼此作用和制约的。所以，事物发展中，普遍联系是固有存在着的，涉及不同事物之间以及同一事物内部不同元素之间的联系。普遍联系中，相互作用也是其中基本内容。其中，相互作用能够体现在彼此促进、制约或者彼此转化，呈现出事物发展的最终发展趋势。整体来讲，普遍联系的基本主体以物质世界为主，多元化、复杂性是高校思想政治教育的主要特征，教育对象、实践活动以及教育主体均能够算为其中的参与者，彼此间构成具有联系的统一体。

协同育人机制便能够理解为该有机整体的主要表现形式。此外，作为一种社会行为，思想政治教育在构建高校内部协同育人的基础上，还非常关注不同学校之间以及高校与社会等不同主体间的协同育人建设，强调不同主体间的联系性。高校思想政治教育开展中，在其中引入普遍联系的观点，便能够愈发关注不同主体存在着的联系整体性，并且能够从整体层面，确保不同主体要素能够有序向前推进。

2. 恩格斯的历史合力论

恩格斯强调，历史合力理论思想中，其中涵盖"交互作用""合力思想"等

---

① 马克思，恩格斯. 马克思恩格斯选集：第4卷. 北京：人民出版社，2012.

相关理念，有助于我们对高校思想政治教育协同育人机制进行更为系统的研究。思想政治教育工作开展中，应该关注不同育人主体合力，在高校内建立健全完善系统的协同育人体系，在确保不同育人主体能够彰显自身优势的基础上，也能够增进彼此配合确保能够朝着更好的未来共同努力。此外，为了提升思想政治教育发展水平，也应该增进校际交流合作。要有效地将高校的各个部门体系联合起来，形成统一的教学目标，制定合理的管理制度、奖罚分明的督促机制，可以有效激励教师提升自身的教学能力，在课程思政方面善于用心，对于学生来说有了考核与奖罚的激励与督促，能从内心产生重视感，清楚思政教育与专业课教育同样重要。

高校的院校之间的合作要加强，打破术业有专攻的传统理念，可以开设院系之间的公共课模式，鼓励学生扩充自己的知识面。通过不同专业老师之间的磨合和协作可以总结出更有效的课程思政路线，为未来的高校思政教育道路奠定坚实的基础，真正实现我国的高校教育质量化。

（二）协同理论

协同理论作为一种理论形式，其产生起源于协同学的提出，20世纪70年代初著名物理学家、德国斯图加特大学教授哈肯创立了协同学（synergetics）。它主要研究远离平衡态的开放系统在与外界物质或能量交换的情况下，如何通过自己内部的协同作用，自发地出现时间、空间和功能上的有序结构。这就说明了协同学是研究系统内部各子系统之间相互影响、相互联系的运行规律，对其相互作用结构的分析，形成系统的合力结构，使系统有序运行，发挥系统的整体优化功能。

所谓协同，是指一个大的整体系统在子系统自动适应调节或者借助外部指令的条件下，各子系统之间呈现出相互配合、相互作用的关系，并且相互协调，产生所谓的"协同效应"。协同理论的基本目标就是走向有序的结构，实现功能的最大化。那怎样才能走向有序结构呢？这是由协同理论的主要内容和基本原理所决定的。协同理论是由主要内容和基本原理组成的。

1. 协同理论的主要内容

主要内容包括序参量和快变量与慢变量。哈肯用序参量来解释系统的有序演化过程机制。如果某个参量在系统演化过程中从无到有的变化，并且指示新结构的形成，反映新结构的有序形成，它就是序参量。序参量不是系统当中某个占据支配地位的子系统，而是大量子系统集体运动的宏观整体模式的有序程度的参量。它一方面是系统内子系统相互协同和竞争作用的结果；另一方面又支配着子系统的作用，决定着整体发展的过程。序参量和各子系统之间的关系是相辅相成的。一方面，序参量是各系统相互作用而产生的；另一方面，序参量在临界状态下起着支配子系统行为的作用。快变量与慢变量是相互作用、互为前提条件的。快变量虽然在临界过程中非常活跃，但对整个系统的演化发展没有明显的影响，是处于次要地位的；而慢变量是指在临界处由于平衡状态的破坏，某种偶然的因素就会导致临界涨落，其中一个或几个变量会产生临界慢化，出现临界无阻尼现象，它们不仅不衰减，而且决定系统相变的形式及特点，决定或支配其他变量的变化，进而推动系统走向新的有序，这种变量被称为慢变量。只有在三大原理的指导下协同理论才能发挥作用。

2. 协同理论的基本原理

第一是协同效应也称作协同作用，协同效应是指由于协同作用而产生的结果，由于复杂开放系统中大量子系统相互作用而产生的整体效应或者集体效应。对各种各样的自然系统或者社会系统而言，都存在着协同作用。协同效应是系统中有序结构形成的动力。任何复杂的系统，在外界能量的作用下或者物质的集聚状态下达到临界值时，各子系统之间便会产生协同作用。

第二是伺服原理，是指协同效应的产生要经过各因子的共同作用，此作用产生中变化慢的因子支配变化快的因子。总之，快速变量服从慢变量，它在系统内部相互作用的情况下，描述了稳定因素与不稳定因素的自我组织过程。在系统转换中不起主导作用的快变量受系统转换过程中起主导缓慢变量的约束。伺服原理要求我们注意主导系统发展的主要因素。要正确选择序参量，因为它是掌握全局、支配系统演化的整个过程的。

第三就是自组织原理，自组织是相对于其他组织而言的。他组织是指组织指令和组织能力来自系统外部，而自组织则指系统在没有外部指令的条件下，其内部子系统能够按照某种规则自动形成一定的结构或功能，具有内在性和自生性的特点。自组织原理是指系统内部能按照一定的客观规律自发地向平衡有序的内部自动转化的过程。自组织原理说明，在外部能量流动、信息流和物质流输入的条件下，系统将通过大量子系统之间的协同作用，形成新的时间、空间或功能的有序结构。自组织原理发生作用时需要三个条件，它们是：系统是开放的，足以与外界沟通交流；系统运行不平衡；系统的非线性操作，即任何要素之间发生细小的变化都能引起系统变化。协同理论即协同学是一门横断科学，近年来被广泛应用在社会科学中。它是一门在普遍规律支配下的有序的、自组织的整体行为的科学，目标是在千差万别的科学领域中确定系统自组织赖以进行的自然规律。按照协同论的观点来说，大学生理想信念教育工作是一个多要素构成的复杂开放系统，内又含有多个子系统，其系统中的所有子系统都是基于同一个目标而运行的，而大学生群体在一定程度上是具有自组织性的，因此，将协同理论应用到大学生理想信念教育体系中，是为了形成一个良好的互动交流协作机制，不断优化整体系统要素，其所凸显出来的功能及作用是不可或缺的，这种效果是不能通过各元素的独立作用和各要素功能的简单叠加来实现的。因此，协同理论作为资源共享和系统内部要素的最佳组合形式，为大学生理想信念教育协同育人机制的发展指明了方向，具有重要的启示意义。

第二节 新时期高校思想政治教育协同育人机制的优势

一、高校思想政治教育协同育人的现实基础

（一）一致的教育目标明确协同方向

人们不管从事何种社会活动都带有明确的目的性。关于这一点恩格斯曾经说过："在社会历史领域内进行活动的，是具有意识的，经过思虑或凭激情行动的、追求某种目的的人。"[1] 如果个体具备充分的思想意识，那么其在实践过程中就能积极发挥自身的主观能动性，采取有效措施达成自己的目的。这也可以激发人们参与生产活动的积极性，高效实现各种目的。通常情况下，个体有着不同的利益，他们的追求和目标也各不相同。不过，如果多个个体处于同一体系当中，那么他们之间存在共同利益诉求的概率也会更大，正是因为有着共同的利益诉求，他们才更有可能在一个系统中长期共存。在高校内部，之所以可以将专业课和思想政治理论课联系起来，最终达成协同育人的目的，就是因为两者所持有的教育目标在根本上是一致的。作为开展思想政治教育的主要阵地，思想政治理论课主要是帮助学生学习更多的马克思主义知识，让他们可以在大学阶段就更好的立德树人。在高等教育的具体教学工作开展过程中，专业课的作用是为社会培养更多全面发展的人才，所以从这个角度来讲，两者可谓是异曲同工，目标一致。

一方面，树立了正确的目标，可以为发展指明方向。"任何事情的发生都不

---

[1] 马克思，恩格斯. 马克思恩格斯选集：第 4 卷 [M]. 北京；人民出版社，1995.

是没有自觉的意图，没有预期的目的的"。① 个体从事任何活动都离不开自身意识的指导，正是因为意识在发挥着重要作用，所以个体才能在实践中顺利达成既定目标。而高校教育所肩负的任务就是为国家和社会培养综合素质较高、可以全面发展的优秀人才，让他们可以在社会上做出自己的贡献，为国家发展与社会进步起到积极作用。要想实现这个目标，高校就要积极促成专业课和思想政治课程的有机融合，让两者可以协同发展，最终达到育人的目的。正是因为有了育人这个共同的目的，所以专业课可以和思想政治理论课程协同发展，同向而行，这也是两者能够实现价值融合的关键契合点，可以为高校的发展指明方向。有了这个前提和基础，高校进行协同育人也就有了明确的目标，可以积极实现教育资源的优化配置，将协同作用充分发挥出来，创造一切条件更加高效地实现既定教育目标。另一方面，正是因为有了目标的存在，才能将更多的力量聚集起来。当教育目标得以确立，实现专业课和思想政治理论课程的融合也就有了动力与基础，各种教育资源可以在最短的时间内达到最优的配置效果。另外需要强调的是，协同育人强调的是协同的作用，不是让其中的某一个学科自己起作用，也不是将多个学科毫无意义的叠加起来。正是因为有了协同，所以教育的动力得以产生，教育目标更容易实现。好的教育目标可以让人们看到目标和行动之间的差距，才能更加主动地发挥个体能动性，通过积极发挥创新精神而推动实践发展。在个体的不断努力当中，自身的素质可以得到提升，也能更好地满足社会发展需要。也正是因为有了发展动力，教育资源可以优化，各种力量得以协调，所以协同育人工作发展也就更加顺利。高校应该坚定不移地树立立德树人的发展目标，坚持一切从实际出发，实现教育育人和价值引领的有机融合，坚持服务与管理同步发展，在实践中完成时代赋予的责任。

（二）互补的教育内容奠定协同基础

之所以认为专业课和思想政治理论课之间具有互补性，主要是因为两者可以共同满足社会发展的现实需要。任何教育内容所体现的都是教育目标。从专业角度来说，专业课和思想政治理论课之间的互补关系并不强。不过如果将两者放置在社会发展的体系中来审视，那么其互补性就得以体现出来。在教育过程中，教师将各种教育内容传授给学生，学生将这些知识消化之后又应用到实践当中。在这个过程中，学生可以得到全面发展，也能顺利实现社会教育目标。高校在促成专业课和思想政治理论课的融合过程中，要保证学生将两方面的学习同时兼顾到。

---

① 马克斯，恩格斯. 马克思恩格斯文集：第4卷[M].北京；人民出版社，2009.

所以在具体的教学过程中，教师需要帮助学生树立正确的"三观"，端正政治立场，让学生可以做到德智体美劳全面发展，不能让学生只会自己专业领域内的知识，而对提升道德修养毫不重视。

从本质上讲，思想政治教育就是对学生进行道德与思想方面的培养，把社会主流意识思想灌输给在校大学生们。在学生提升思想品德水平的过程中，思想政治教育所起到的作用不容忽视。这里提到的学生是泛指所有高校的大学生，而不是就读于思想政治教育专业的少数人。随着世界经济一体化的趋势不断加强，我们的社会形势更加复杂，各种社会思潮也有着明显的多元性特点。大学生正处于思想意识最为活跃的阶段，他们的三观正在形成当中，很多思想和理念并不成熟，也不是很有主见和辨别力。所以，如果在面对不当言论时可能就会轻易受到影响。这对大学生的发展显然是不利的，严重的还会影响国家和社会的发展，这也给高校开展意识形态教育带来了很多的挑战。尤其是在反马克思主义思潮较为猖獗的情况下，高校应该重视意识形态领域的建设工作，积极作为，争取意识形态领域斗争的胜利。在具体的教育工作开展中，高校应该以思想政治理论课堂为主要战场，引导学生更加系统全面地学习马克思主义理论知识，端正学生的思想意识，让他们树立正确的世界观、人生观和价值观，更加扎实地学习各种理论知识，并将其积极应用到实践当中，为国家和社会做出应有的贡献，让自己的社会价值得以实现。

（三）统一的教育管理推动协同发展

从一定意义上说，高校专业课和思想政治理论课都是教育活动的具体形式。虽然涉及的要素多种多样，但是各要素之间的关系非常紧密，他们相互配合，高校才能更好地完成人才培养工作。美国学者小詹姆斯·H·唐纳利在分析中提到"管理就是由一个或更多的人来协调他人的活动，以便收到个人单独活动所收不到的效果而进行的活动"。[①] 高校如果可以实施科学有效的教育管理，那么就可能对各种教育资源进行合理优化配置，将专业课和思想政治教育工作有机联系起来，推动协同育人工作健康有序发展。

第一，从高校建设的实际情况来说，党委领导下的校长负责制是我国高校领导体制长期探索的历史选择。1989年党的十三届四中全会后，中央正式明确高校实行党委领导下的校长负责制，进一步强化党对高校的领导，在这一领导体制的

---

① 小詹姆斯·H·唐纳利.管理学基础——职能、行为、模型[M].北京：中国人民大学出版社，1982.

保证下，高校踏上了健康发展的快车道。在高校办学中，党委实施统一领导，这也是我国高校办学的政治方向。在这种管理理念的指引下，高校内部的各个部门都各司其职，齐心协力地将教育职能落实在具体工作当中，并能形成强大的教育合力。这是中国特色社会主义体制在教育领域的一种体现，显示了社会主义优越性，也能更好地帮助高校完成教育资源的优化配置。高校在办学中要对教师提出明确要求，即要在专业课的教学过程中融入思想政治教育的基本内容，实现两者的有机联系，让学生在提升专业能力的同时具有高尚的道德修养，树立正确的价值理念。通过这样的方法，高校协同育人的效果也将更加明显。高校在办学中要建立明确考核机制，对任课教师进行合理约束，提升其协同育人的思想意识，在工作中积极发挥主观能动性，保证协同育人工作可以切实地落到实处，推动专业课与思想政治理论课的科学融合和顺利发展。

第二，高校所设立的马克思主义学院其主要工作就是进行马克思主义研究，作为一个学术单位，该学院需要负责落实具体的思想政治教育工作。关于这一点，教育部颁布的《普通高等学校马克思主义学院建设标准（2019年本）》阐释了马克思主义学院的主要职能就是开展思想政治理论教育工作，积极推动教育改革，端正教师的教学理念，稳步提升教学质量，帮助学生更好地学习思想政治理论知识，为他们今后进入社会开展实践活动打下良好而坚实的基础。在教材的选择方面，高校的教材都是受过严格审核的，具体到思想政治理论课的教材更是严谨性极高，通常选用的教材都来自"马克思主义理论研究和建设工程"。在选择专业课教材时也会先通过审核小组的审核。按照这个程序订购到的教材不会出现社会主义政治方向方面的失误，也能兼顾学生的个体发展需求。总体而言，高校在进行教材选择时需要满足思想政治教育发展的需求，这是推动专业课和思想政治理论课协同发展的重要一步。

（四）完善的教育政策保障协同质量

我们的国家一直都非常重视教育，也采取了各种措施对教育工作的开展进行支持与辅助。不管是"百年大计，教育为本"还是"科教兴国"，这些政策的颁布都体现了国家在这个方面的重视程度。如今，教育工作已经上升到国之大计的高度，这是教育在政党和社会中重要性的直观体现。在现代社会，为了满足教育现代化发展的现实需求，国家又出台了多项政策旨在提升教育质量，这也为高校教育工作的开展打下了牢固的基础。教育工作开展的关键就是"育人"，积极引导育人工作和思想政治理论课程有机融合，多措并举地完成高校育人。

1951年，教育部针对华北地区高校工作的开展专门颁布了工作指示，希望发挥辩证唯物论的作用，推动教学工作积极开展。教育部在指示中提到："高校开展教育工作必须建立完善的教育组织架构……积极建立起革命思想政治教育和普通课程之间的联系，不能将二者割裂看待。"这份工作指示明确提出，如果将两类课程标准区别对待那是不正确的，必须在两种课程中建立起必要的联系，取长补短，相互支持，将育人工作更好地推进下去。高校在开展教育工作时"不能只以教授业务课为主要目的，而是要对思想政治科目予以足够的重视，将其列入正常教育计划当中，并保证其严格落实，不打折扣"。

随着21世纪的到来，党的执政环境和之前相比发生了翻天覆地的变化，所以高校教育也要同步做出调整，只有这样才能更好地跟上社会发展的步伐。党和国家一直非常重视人才培养的问题，也将这个重任交托给各大高校。2004年，在《中共中央国务院中关于进一步加强和改进大学生思想政治教育的意见》中做出了明确的指示："高校应该对思想政治教育工作予以足够的重视，将其融入专业学习、科研和社会服务过程当中。要实现教育资源的优化配置，在开展专业课教育时多多进行思想政治教育，这样学生就可以在提升自身专业素养的同时实现道德修养的同步提高，成为更加合格的社会主义接班人。"

高校思想政治工作的开展受到了社会各界的广泛关注。所以从高校的角度来说，需要审时度势，紧跟时代发展的步伐，实现目标导向和问题导向的有机融合，坚持一切从实际出发，革故创新，逐步健全与完善顶层设计，为教育领域的改革打下牢固的基础。具体的创新工作可以从六个方面开展：一是育人方式；二是办学规模；三是教育方法；四是培养模式；五是管理体制；六是评价机制。这些创新工作的完成，可以为培养全面发展的高校人才做好铺垫。

时代在不停地进步，高校必须审时度势，积极改革自身教育机制，制定明确的教育发展策略，紧跟上时代发展的步伐，这也可以为协同育人工作的开展打下坚实的基础。积极推动专业课和思想政治理论课的有机融合，是顺应时代发展的创新之举。高校在这个问题上要具有前瞻性，积极打造具有时代性的育人格局，创造尽可能多的条件推动专业课和思政课的协同发展，对当前的育人体系进行完善和健全，将教育在国家和社会发展中的积极作用充分发挥出来。

二、高校思想政治教育协同育人的必要性

（一）大学生的身心发展特点和认知特征的现实需要

当代大学生的思想认知、思维方式、行为举止等都深深地打上了时代的烙印。一方面，互联网交流逐渐代替了传统的交流方式，足不出户，可知天下事，由此产生的各种对大学生发展有利的、有弊的相关因素也随着互联网进入大学生的生活，对大学生的思想与行为进行着潜移默化的影响；另一方面，信息化时代的发展速度与扩散范围是既广又深的，这就导致了他们在接受这些信息的时候会存在不加筛选的盲目吸收。从而影响他们个人认知系统与人格塑造的正确构建与良性发展，了解和把握大学生的身心发展特点和认知特征仍然是研究大学生思想政治教育协同育人机制重要而紧迫的任务。

1. 自我意识强，但不够成熟

虽然大学生在生理与心理上都基本成熟，但由于未经社会的磨炼，或多或少都会存在着以自我为中心，爱冲动，缺乏理性判断的认知不足。在当前快速发展的社会中，他们渴望自己能够一展才华，得到家人的认可，社会的接纳与反馈，这是他们趋于成熟的一种表现，但也正因为他们的这种渴望与诉求，导致了他们在面对社会生活时，会出现认识不清、判断不足、个人能力未能完全发挥的情况，产生自卑心理，造成较大的情绪波动，最终影响自身发展。大学生在身心方面基本成熟，学习压力不是很大，能够充满青春活力，所以他们有时间与人交流，他们的情感体验在不断发展和提高，并且越来越丰富。虽然他们控制情绪的能力正在稳步增长、从弱到强，但是在遇到更大的情绪波动时，他们更容易被刺激，控制能力便急速下降。意志高，但不稳定。大部分学生对自己的奋斗目标都能有一个明确的定位，时间安排比较合理，并且能够根据自己的实际情况与实际需求，制定适合自己发展进步的计划，克服在自己前进道路上的"绊脚石"，培养坚强独立的个人人格魅力。但是，他们也存在着意志力水平不稳定，专业知识汲取不够的情况，这种情况往往是因为他们在大学没有养成良好的行为习惯，不能很好地将头脑中的意识内化为自己的行动，在做出比较重要的决定及抉择之时，往往特别需要师长的意见。

2. 当代大学生的个性心理及认知特点

当代大学生的个性心理及认知特点发生了三大转变，即从内向到外向，从依赖到独立自主，从关心自我到关心社会。随着经济社会的不断发展，社会的竞争压力不断增强，优胜劣汰在当代大学生就业上愈发显著。大学生要想在离开学校

后在社会上生存与发展，成为时代的弄潮儿，就必须要认清自己的现状，立足于个人实力，不断地学习与创新，以不断提高自己适应社会的发展。因此，提高大学生思想政治教育的实效性就要从了解大学生的具体身心特点及成长情况入手，从大学生的思想实际出发，寻找相应的目标、内容、方法和途径，深入把握大学生的个性差异、家庭背景和社会环境。并将这些因素协同起来，才能形成大学生思想政治教育协同育人机制。

（二）新形势带来大学生思想政治教育新要求

在当前的时代背景下，高校进行思想政治协同育人教育可谓是大势所趋。第一，当前的现实情况为高校教育带来了很多新的机遇和挑战，而协同育人则可以很好地迎接机遇，接受挑战；第二，从问题导向的角度来看，现阶段大学生思想政治教育其实存在着很多问题，需要通过协同创新的方式加以解决；第三，从未来发展趋势来看，协同育人可以有效地推动高校思想政治教育工作迈上一个新的台阶。

万事万物的发展变化都离不开环境，大学生思想政治教育工作也是如此，必须要与时代发展相吻合。在进入新的历史时期之后，大学生思想政治教育工作也遇到了很多新的挑战，再加上国际形势的风云变幻，学生自身的差异化发展，都要求协同育人同步做出调整与改善：

1. 从全球视野中把握民族复兴新使命

现今的国际形势可谓是瞬息万变，每个国家都和其他国家之间有着密切的联系，所以大学生思想政治教育工作所面临的可变因素非常多。随着国际交流的逐渐增多，国际上的不稳定因素也会带来不小的影响。现在的中国是国力日渐昌盛的中国，在国际社会上也有了更多的话语权，这也极大地改变了西方国家对我国的看法。很多敌对势力试图通过"和平演变"的方式对我国的政权进行颠覆，希望离散我国的人心，达成分裂国家的企图。所以，他们充分利用网络优势，将一些反党反社会主义的信息传递给心智尚不成熟的年轻人，让他们感觉到现实社会一片颓废，没有希望，最终也没有了前进的勇气和进步的信心。我国高校之所以要开展大学生思想政治教育工作，就是要与这些居心叵测的敌对势力做正面的斗争，这是一项关乎国家安全和民族兴旺的重大事业。大学生思想政治教育工作所肩负的民族兴盛的重大使命，不管在理论教学还是实践教育中都是如此，都要对"四个自信"进行坚定不移的维护。让大学生认识到自身所担负的历史使命，积极学习，端正态度，能够在纷繁复杂的现实情况中坚定立场，不会因为任何颠覆

行为的存在而迷失本心

2. 从历史方位中建立立德树人新任务

我国在政治经济文化领域都取得了突出的成绩，社会主义中国进入到全新的发展时期。在这个至关重要的历史节点上，摆在我们面前的艰巨任务有很多，这都需要足够的优秀人才来实现。高校大学生是社会主义未来的接班人，他们只有具备了全面而综合的素质，今后才能担负起建设社会主义的重任。

所以，高校要重视对大学生开展思想政治教育工作，坚定不移地"立德树人"，从本质上讲，高校开展教育的主要目的就是为社会培养德智体美劳全面发展的综合型人才。所以高校应该审时度势，站在国家和民族的历史高位上开展教育工作，以协同育人的方式提升大学生的知识水平和道德修养，保质保量地完成时代赋予的使命。高校开展协同育人其作用主要体现在两个方面：一是提升学生的专业能力；二是帮助学生树立正确的"三观"，这是符合时代发展趋势的必然之举，也是达成立德树人目标的重要举措。

3. 从技术迭代中把握育人方式新变化

来自科学技术领域的创新会给人类社会的发展带来无穷的动力，人类文明层次的提升都是科学技术在起作用。现阶段，信息网络化获得了长足的发展，也给人们的工作和生活带来了很大的变化。可以说，信息网络化是改变世界的重要力量，所以大学生开展思想政治教育也要顺应时代发展潮流，及时调整自身的发展目标和具体教育方法。第一，互联网有着传播快捷便利的优势，如果将其引入到大学生思想政治教育工作中，可以起到事半功倍的效果，对当前的教育资源进行丰富，改善当前的教育方法，有利于实现教学创新。随着多媒体技术的引用，原本照本宣科的课堂就会增加很多视频和音频材料，还会出现网络课堂、微课等，这都是对课堂内容的极大丰富与完善。从最近几年的发展趋势来看，教育部对开发线上课堂工作予以了足够重视，当前的线上课堂超过1290门，慕课数量更是超过8000门[1]，从未来的发展来看，这个数量还会继续呈现增长趋势。2020年，因为疫情的侵袭，高校普遍开始了"停课不停学"的教学方式，通过线上课堂接受教育的大学生人次超过2.82亿[2]，这也代表着我国教育信息化进入到一个全新的发展阶段。相信在未来的发展中，教育事业发展的总趋势就是实现线上和线下的有机融合。从这里可以看出，网络技术的发展极大的影响着教育方式的转变，尤其是在突发事件发生之后，线上教学的优势也就得以凸显；第二，我们也应该意

---

[1] 教育部．教育部发布《全国普通高校本科教育教学质量报告（2018年度）》[EB/OL].

[2] 教育部．中国教育概况 [EB/OL].

识到互联网所带来的负面影响。有数据显示，我国网民数量截至 2020 年上半年约为 9.4 亿人，而学生在其中占到了 23.7% 的比重。[①] 这个数字不可谓不庞大，所以网络到底能给大学生思想政治教育带来什么，确实是一件值得深思的事情。在网络上充斥了多元化的信息，大学生每天所能接收到的信息不计其数，他们不可能对此一一进行判断，有些只是了解个大概，还有一些会出现理解错误。为了改善这样的情况，我们需要对当前的教育方式进行合理调整，通过线上和线下课堂相结合的方式，掌握学生的思想动态，从他们的实际需求出发，通过慕课、微课等方式，提升他们的认知能力，让思想政治教育润物细无声，对大学生产生积极的影响。

4. 从个体发展中把握成长成才新内涵

对于广大高校而言，到底应该为国家和社会培养什么样的人才是首先需要解答的问题。毫无疑问，高校的主要作用就是进行人才培养，不过具体的培养方式却不是之前的"填鸭式教育"，应该从学生的实际情况和具体特点出发，突出学生在教学过程中的主体地位，将其学习积极性充分激发出来，让其以主动的态度来接受思想政治教育。大学生处于思想最为活跃的时期，他们对新生事物非常感兴趣，也希望能够更好地表达自己，这些特点是和传统大学生不同的，所以如果沿用传统方式对他们进行教育，他们显然不能适应。再有，在外部环境急剧变化的今天，有些大学生或多或少地存在着一些心理上的问题，他们或者没有很强的社会责任感，或者心理承受能力低下，或者崇尚金钱等，这都是需要立即进行解决的重要问题。比如，在 2017 年北京市教工委就针对大学生展开了一次思想调查，从调查结果看，大学生在个性化方面的需求比之前要多很多。[②] 所以在新的历史时期，高校应该积极把握大学生的思想动态，满足他们的个性化需求，对大学生思想政治教育的内涵进行扩大与丰富，为国家和社会培养出德智体美劳全面发展的优秀人才。

（三）当前思想政治教育亟须加强协同创新

1. 高校扩招对教育教学质量要求增大

近年来，我国高校一直在进行扩招，这项政策推出的主要目的就是希望让更多的青少年可以获得走入大学的机会，提升国民教育的公平性，将高等教育的福

---

① 第 46 次中国互联网络发展状况统计报告 [R]. 北京：中国互联网络信息中心，2020.
② 中共北京市委教育工作委员会 .2017 年度大学生思想政治状况滚动调查报告 [J] 北京教育（德育），2017（5）.

利提供给更多的家庭和年轻人，同时，在高校扩招政策的推动下，社会就业压力也会因此而缓解。我国高校的扩招从1999年就已经开始，这项政策的优点主要体现在以下方面：一是可以对国民的整体素质进行提升；二是为人才提供更多的创新机会；三是缓解就业压力。有具体的数据可以参考，从我国推行改革开放开始到现在，报名参加高考的总人数达到了2.28亿人，而通过高等教育培养出的优秀人才多达9900万。在2019年，我国高校的招生人数提升到800万人，而大学毕业生则达到了834万人。这些大学生走入社会之后在自己的岗位上做出了突出贡献，为我国的科技创新带来了无穷的发展动力。现在，在全社会范围内已经形成了终身学习的浓郁氛围。不过需要认识到的是，随着高校的扩招，学生数量倍增，而高校不管是教学场地、设备还是教师力量都远远跟不上发展速度，在这样的情况下，学生的学习质量也成为社会各界较为担心的一个问题。现阶段，很多高校在开展思想政治教育工作时都是一个老师身兼多职，正是因为工作压力太大，所以缺岗的情况也是时有发生，想要凭借几个人的力量完成整个高校的思想政治教育工作显然并不现实。

因此需要对当前的教育资源进行系统整合与配置，优化教学结构，实现各个队伍之间的密切配合，才能在有限的教育资源背景下将思想政治教育工作更好地完成。

2. 智能化分工需借助协同力量实现效率飞跃

在具体的管理方面，高校所奉行的主要是精细化管理，需要对思想政治教育工作领域进行全面覆盖，只有这样，最终的教学质量才能有所保证，也能够为学生提供更加细致入微的服务。不过这个举措也不是完美无缺的，第一，在实践中，很多部门因此而产生了隔阂，工作效率不升反降；第二，大学生思想政治教育工作涉及很多内容，复杂性极强，不能将其简单地划归为某一个单位的工作，比如如果需要解决学生的心理问题，就要将多个部门联合起来，比如心理咨询部、后勤部、学院部等都会涉及，大家通力合作，针对学生的问题查找原因、采取措施，并跟进后续的反馈结果，只有这样，学生的心理健康问题才能得到有效解决；第三，在实施了精细化管理之后，有些高校把这项工作主要分配给了思政课教师和高校辅导员，不过协同育人所强调的就是全员参与，如果为了精细化管理而精细化管理，那么可能会适得其反，有些部门冗员过多，大家都看起来很忙，其实真正落实工作的人并不多。如果深究原因所在，可能还是因为组织结构存在问题延误了信息的传递，阻碍了工作效率的提升。

3. 高校辅导员和思政课教师队伍建设的需要

从工作职能上看，高校辅导员和思想政治理论课老师可以说是各司其职，不过也不能因此就认为这两个岗位之间一点干系也无，准确地说，两者之间应该属于同向同行的关系，最终可以实现协同效应。在大学生思想政治教育工作中，辅导员和思政课教师其实是相互配合的两支力量，不过在实际的教学过程中却并不如此，两者之间的沟通与交流非常少，工作不能配合。所以，要想真正意义上实现协同育人，就要在两者之间建立必要的联系：第一，加强两者之间的协同，这对课堂教学和日常管理都大有裨益。思政课教师可以参考学生的日常表现开展教学，这样教学的针对性就强，而辅导员也可以根据学生的理论学习程度进行有侧重点的日常管理，帮助学生查漏补缺；第二，思政教育工作涉及的内容和要素很多，所以需要对其中的细节进行通盘管理，加强内部联系。其实在实际教学过程中，很多教育工作并不是泾渭分明的，重叠情况时有发生，而协同育人的作用就是消除这些不必要的重叠，实现资源优化配置，积极提升教学效率。

（四）协同育人有利于促进大学生思想政治教育发展

1. 强化大学生思想政治教育的实效性

通过大学生思想政治教育协同育人机制可以使各种教育资源、教育力量、教育主体实现相互配合、协调推进、良好衔接和功能互补，深刻体现继承性和发展性的重要途径。在社会环境、工作条件、教育对象不断发生变化的今天，必须协同各方面的力量，在大学生思想政治教育的内容和方法、手段上不断加以改进和创新。作为培育"时代新人"摇篮的高校肩负着历史和时代的重任，其理想信念教育工作在国内外环境比较复杂的条件下任务更加繁重，也就是说，新时期对大学生思想政治教育工作的要求更高了，期待也更高了。在大学生思想政治教育的理论和实践研究活动中，要将"协同"理念贯穿其中，使大学生思想政治教育协同育人机制内部的子系统相互配合、相互促进、共同发展。为培育新时期的具有坚定理想信念的大学生奠定扎实的基础。唯物辩证法中指出，联系是一个普遍的哲学范畴，是指一切事物、现象之间以及事物内部要素之间的相互依存、相互影响、相互制约和相互作用。联系具有普遍性、多样性、客观性的特点，这就要求我们用普遍联系的观点分析和思考问题，坚持全面性。大学生思想政治教育是一项重要而复杂的教育实践，与各领域、各部门、各个方面互联互通、相互制约、共同发展，是一个普遍联系的有机整体。构建大学生思想政治教育协同育人机制这一教育实践活动，不仅要考虑到家庭、学校、社会三者之间的关系，要重视三者之间的联系和协调作用,使它们协同工作,还应该考虑教育领域中各要素之间的互动与协调。如果在研究大学生思想政治教育协同育人机制的过程中,我们不知道如何从普遍联系的角度看问题,只关注一个领域、某一部门的发展,肯定会对其他方面产生影响,甚至阻碍整个育人功能的发挥。因此,在不建立健全协同育人机制的过程中,要将大学生理想信念教育的各个育人要素纳入到协同育人机制建设中,这样才能使资源得到合理配置、发挥最大的功能,才能使大学生思想政治教育协同育人机制更好的发展。大学生思想政治教育实效性是由家庭、社会、学校及学校内部的各子系统之间和谐发展与要素互动的综合效应。实效性是要求思想政治教育工作者,努力用最少的时间和精力采取最佳的方法,实现最理想的大学生思想政治教育成效。

2. 增强大学生思想政治教育的协同效应

协同育人可以激发出思想政治教育所具有的协同效应。所谓协同效应,指的就是多个因素在相互配合的过程中积极发挥作用,最终达到整体增强的发展目的。具体地说,大学生思想政治教育工作主要包括两方面内容,一是理论课程,二是日常教育。这两者相互支撑、互为补充,如果想要顺利推进大学生思想政治教育工作的发展,就要将两者有效地融合在一起,让其相互支撑,共同进步,这样才能达到全方位育人的良好效果。

在大学生思想政治教育过程中,理论课程可以说是教育开展的主渠道,其发挥的作用至关重要,正是因为设立了理论课程,思想政治教育工作才能推进得有条不紊。从最近几年的发展情况来看,随着教育改革的不断推进,思想政治理论课建设工作也取得了很多成效。客观来讲,这是一个包罗万象的大系统,其中涉及的要素纷繁多样。因此,我们在关注这个主渠道的同时,也不能放松其他渠道,只有将主阵地、多渠道的作用都发挥出来,思想政治教育工作的开展才会更加顺利。假如让理论课堂承担了所有的教育任务,那么主阵地的压力就会空前增大,思想政治教育的开展就不能完成全方位的覆盖,其影响力会逐渐削弱,最终的教育效果也将不尽如人意。其实,思想政治教育属于社会实践的范畴,在我国的各个领域,思想政治教育都在潜移默化地发挥作用。所以,开展大学生思想政治教育工作有着广泛的社会基础。当然,高校教师是其中当之无愧的主力,不过高校辅导员、党组织成员甚至是学生的父母也都是这项教育工作的主体。如果各项条件具备,还会有更多的人在这项工作中作为主体出现,帮助大学生解答学习和生活中的疑惑,为他们传道授业。另外,大学生思想政治教育活动的社会性也非常明显。不管是在学习还是生活中,大学生的一言一行都会受到道德规范的约束。

日常生活看似随意，其实他们的很多思想品德都是在日常生活中逐步形成的。高校在开展思想政治教育时，也应该对大学生的现实生活进行认真审视，选择最为适宜的切入点。随着网络时代的发展，大学生早已熟悉了新媒体。所以，高校也应该对网络予以足够重视，通过先进的技术手段积极开展网络思想政治教育。

总体而言，大学生思想政治教育工作具有较强的复杂性，要想将这项工作做好，需要将系统中各项因素的积极作用都充分发挥出来，实现专业课程和日常教育的协同发展，运用创新思维和理念打造更为完善的教育格局。

3. 确保大学生思想政治教育目标的完整性

协同育人可以保证对大学生思想政治教育工作目标的完整性。高校针对大学生开展思想政治教育工作，其实就是在教给学生应该如何成为一个合格的社会主义接班人。每个个体都是知行合一的整体，也兼具了德智体美劳等各项特点。虽然在思想政治理论课和日常教育中存在很多差异，不过其根本目的都是为了立德树人，帮助大学生提升综合素质，所以要将两者有机融合在一起，这可以为顺利达成大学生思想政治教育目的打下牢固的基础。

任何人都身处于社会当中，社会就是由一个一个的人共同组成的。从本质上说，人就是在其现实性上，它是一切社会关系的总和，人不管是生存还是发展都和社会息息相关，而社会的发展也离不开人在其中所起的作用。所以，人的全面发展指的是充分发挥他们的主观能动性，丰富其社会关系，让其技能与品质可以同步发展，为社会进步做出更大的贡献。所以，高校要坚持立德树人，将理论课程和日常教育紧密联系在一起，将两者的优势都充分发挥出来，积极提升学生的思想道德和修养水平，让其可以实现知识与能力的同步提升，进而实现全面发展。

（五）协同育人有利于教育体系改革促进大学生全面发展

教育教学体系是一种完整的教学系统，各参与部分之间关系紧密，并以实现协同发展和综合发展作为机要和目的，但这一体系运作中存在着极大的问题，相关的体系改革和建设就显得极具必要性。首先，以高校辅导员为首的高校教学辅助教师，除了从事教育辅助作用，还承担着高校思政教育的作用，但是实际发展现状是，这样的思政教育工作安排使得高校辅助教师工作管理和思政教育体系剥离，深层次的思政教学工作得不到实现，因此高校辅助教师与高校思政教育的关系是不容忽视的，需要高校辅助教师及时与高校思政教师沟通联系，共同促进学生进步。其次，当前高校思政课内容学习与更新都是极具时代性的，因此思政教师在教育过程中必须重视自身实践能力的提升，还应该建立起完整的思政教育长效机制，实现教书、实践、科研、管理和服务育人五位一体的育人系统，并不断转变教学模式，加强学生的实践教育，最终从根本上实现思政教育的目的与优化。

就高校思政课特殊涵义方面来讲，学校需要通过其系统的教育方式和内容，把大学生培养成为具备正确的社会价值取向，能够适应社会发展需求新道路的新人。就高校思政教师需求方面来讲，高校思政教师必须具备极强的专业技能和思想素质，在实现对党的相关政策政令、路线方针等宣讲的同时，重视和加强对高校大学生的时代性思想政治教育，引导学生培养积极的思想政治意识和素养。就高校思政教育教学理念和方法方面来讲，当前我国高校思政教育方面和理念存在很大的问题和欠缺，方法极为单一，也依旧重视传统教学方法的沿用，因此学生学习主动性和积极性存在极大的欠缺，也没有系统的思想政治教育指导和实践体系来引导学生进行相关的人生道路实践，学生发展过程中的实际问题便得不到更好的解决。然而真正意义上的关系思政教育必然要借助教师的教学理念和方法来实现学生思想道德素质的提升，通过全面系统的教育来引导学生学会积极热情地探索和解决问题，通过与社会发展紧密相关的实践活动来加强学生的自身实践，达到学生德智体美劳共同发展的目的。

三、思想政治教育协同育人的可行性

高校之所以可以实现思想政治教育协同育人，主要是因为两者在这个系统中都发挥着积极作用，内在联系非常紧密。正是因为存在着千丝万缕的联系，两者才更有可能实现协同。

（一）高校思想政治教育协同育人同质性

高校思想政治教育协同育人在高校思想政治教育工作中所起到的作用举足轻重，关于这一点，其重要性不仅体现在理论研究上，在实践中重要性也是一样的。从这个角度来讲，两者具有一致的归属性。其实，高校思想政治教育体系非常复杂，而且还处于动态发展的过程当中，整体体系时而有序，时而无序，正是因为两者之间存在着转化关系，所以体系协同才更具可能性。如果将大学生思想政治教育视为一个整体，那么这个体系就有着明确的发展目标，有需要达成的任务，也会涉及明确的教育内容与方法，这些要素相互作用，共同构成了完整的教育体系。从宏观层面来说，该系统属于高等教育系统中的一个子系统，所以不管是目标设定还是实现各项功能，都必须严格按照高等教育的系统要求来执行。从自身发展来看，该体系内部也是错综复杂，涉及的教育内容应有尽有，不管是世界观、

法治观还是道德观都是其中的重要内容。然而，机制运行需要人力物力等资源进行配合，同时管理学、心理学的理论也会在其中发挥作用。在大学生思想政治教育体系中，协同育人是其中非常重要的子系统，在工作开展过程中，两者也各自有着自己的体系与发展规律。同时需要注意的是，大学生思想政治教育其实和其他教育系统之间的关系也非常密切，比如党政系统、科研系统等。正是因为这些要素纷繁多样，所以大学生思想政治教育系统的复杂性才非常之强。

而且，该系统不管是主渠道还是主阵地，他们各自的系统都有着明显的特点，比如动态开放性、整体性等。正是因为有着这些具体属性，大学生思想政治教育工作才能顺应社会迅速变化的需要，积极调整自身结构，优化教学方法，在新的历史时期更好地满足学生的实际需求。另外，因为系统开放性的存在，所以高校开展思想政治教育工作需要保持和外界的密切联系，及时对子系统的功能进行合理调整，为后续的发展打下坚实的基础。所以，要讨论协同育人这个主题，就要将其放置在大学生思想政治教育的复杂体系中进行全盘考虑，这样才能满足系统论的相关要求，才能更好地完成对系统要素的优化配置，实现系统内部的平衡与协调。一般来讲，协同育人的主体有两个：一是思政课老师；二是高校辅导员。他们都需要重视对信息的汲取，要把握时事发展的趋势，要将自己的所学所想传授给学生，正确规范学生的言行，对他们的思想进行合理引导。只有经过谆谆教导，学生才可以更好地接受这些信息，并将这些内容转化为自己的知识，用以指导实践。从这里可以看出，正是因为思想政治教育工作非常复杂，协同育人才更有可行性。所以需要对系统中涉及的要素进行系统整合，将其整体效应充分发挥出来，最终形成强大的教育合力，才能在高校中打造更为完善与科学的育人格局。

（二）高校思想政治教育协同育人互补性

所谓协同指的是各种要素相互作用，最终在共性和个性方面达成了统一的关系。要想实现协同，前提和基础就是对各要素之间的关系进行协调。高校开展思想政治教育工作也是如此，专业课和思想政治教育课不管是在体系中还是工作中都存在千丝万缕的联系，只有实现组织结构的优化，协同工作才能推进得有条不紊。两者是辩证统一的关系，是落实协同策略的重中之重。体现在具体工作中，协同育人工作在教育目标、具体内容、实际方法等多个方面都存在紧密的关联。

1. 育人目标的一致性

目标是方向，目标是旗帜，目标也是和谐。协同指向的是各种力量的整合、协调以发挥整体的效应。大学生思想政治教育协同育人机制涉及的是不同主体之间的充分协调与合作，但是这些主体本身的利益不尽相同，有些协同是在几方面主体互相协商的基础上达成的，而有些协同则需要通过制度层面的约束才能够达成。所有协同都涉及目标问题，目标是否一致直接影响协同效果的达成。恩格斯曾经指出："在社会历史领域内进行活动的，全是具有意识的、经过思虑或凭激情形成的、追求某种目的的人；任何事情的发生都不是没有自觉地意图、没有预期的目的的。"[1]所以说目标的一致，是一切工作和事业成功的必然要求和根本保障。大学生思想政治教育协同育人的基本原则是基于目标的同一性，但很多时候各个育人主体的目标并不是完全一致，而且有时候目标冲突也可以达成协同，比如在开展思想政治教育的时候，辅导员组织大家参加志愿活动，辅导员的目的是希望学生更多的关注社会、融入社会、坚定理想信念，而少部分学生在具体的实践中可能考虑更多的是活动后所得到的学分，这就存在目标的冲突，但是并不影响这项具体工作的落实。其次是利益，可以分为利益协同和利益冲突，利益协同主要是指需要协同的各方面利益主体有相互依赖性，一方需要借助其他各方面的资源来达到目标；利益冲突主要是指各方面在利益方面不存在相互依赖性，这种情况下协同是不可能自动形成的，而是需要一定的强制力来推动协同的实现，或者是各方主体意识到离开协同就导致自己利益不能实现而妥协导致的协同。目标协同是大学生思想政治教育协同育人机制的基础。要让每个育人主体都具有相同的价值认同和经济诉求是很难实现的，但在共同培养的过程中，当每个育人主体都为了自身的"利益最大化"这个最终目标而奋斗时，就很难达到良好的教育效果。因此，所有育人主体都有责任和义务创造一个得到广泛承认和包容的思想政治教育协同育人环境，建立各方都能接受的利益的结合点，形成这样一个总目标：相互理解，相互承认，消除障碍，加强融合，最终形成协调发展的局面。

育人目标指引教育内容、育人方法和育人方向。育人目标贯穿思想政治教育全过程，渗透在思想政治教育的全方位。时代在发展，思想政治教育协同育人目标体系的内涵也在不断丰富和创新，思想政治教育协同育人机制的目标也应符合时代的发展和实践的要求。思想政治教育的根本育人目标始终指向"培养什么样的人、如何培养人以及为谁培养人"这个教育的根本问题，思想政治教育协同机制各育人主体要坚持统一的育人目标，即培养社会主义的建设者和接班人。大学所要培养的人才是要能担当民族复兴大任的时代新人，培养和造就合格的时代新人，光靠某一位教师的一己之力完全不够，需要学校的教职工全员参与，建立协同育人机制。

---

[1] 马克思恩格斯选集（第三卷）[M].北京：人民出版社，1995.

2. 教育过程的融通性

高校开展思想政治教育工作的形式多种多样，可以在课堂之上，也可以在实践当中，可以实施线上交流，也可以通过线下互动来完成。不管是虚拟慕课还是现场教学都能达到类似的教育效果，学生可以在潜移默化的学习中得到深刻的领悟。

具体的学习内容也非常丰富，学生在这个过程中可以学到系统的理论知识，也能获得道德修养方面的提升。总体而言，整个教育过程中每个环节之间都有着密切的关联，融通性很强，而且可以随着时间和空间的推移而延展。高校思想政治教育工作的开展涉及育人过程的方方面面。第一，在课堂教学方面，可以帮助大学生树立正确的"三观"，这样他们在今后的道路上可以具备明辨是非的能力，不会因为纷纷乱世而迷茫，最终走上错误的道路；第二，在日常教育过程中，学校可以创造条件多进行活动建设，为合理开展育人教育打造多个平台，这样就可以帮助学生更好地理论联系实践，让其在成长中有所领悟。

其实在育人过程中，主渠道和主阵地之间一直存在着密切的关联。如果没有理论教学，那么开展实践活动也就没有了可以依托的准则。同理，如果实践环节缺失，那么学生就无法对枯燥的理论有深刻的理解，他们也就不能更好地学以致用。正所谓"知行合一"，只有将"知"和"行"有机统一起来，协同育人的作用才能得以充分发挥，两者之间的互补作用才能得以体现，这是符合新时期发展理念和要求的新的教学尝试。

3. 教育内容的衔接性

在具体的教学内容中，高校思想政治教育不可避免地要关注一些方面。开设理论课主要是进行理论宣传和思想教育，帮助学生树立正确的世界观、人生观和价值观，形成法治观念，全面提高大学生的道德修养。然而，日常思想政治教育是从培养学生的生活习惯和实践能力开始的。虽然两者之间存在明显差异，但相关性更强。首先，理论可以在实践中起到指导作用。如果过分注重理论的灌输，而忽视学生实践能力的提高，理论课的作用就无法发挥。而且，由于不能达到学以致用的效果，学生对理论课的兴趣也就不强。随着时间的推移，他们可能会对课程感到厌倦。第二，如果理论上存在分歧，这种偏差可能会在实践中无限放大。如果大学生没有正确的理论来指导他们的活动，他们的实践活动就会迷失方向，最终陷入迷茫。例如，学生有爱国主义意识，但他们应该如何爱国呢？如果这个问题不清楚，学生的实际爱国行为可能走向极端。他们可能会偏听偏信。最后，尽管他们是爱国的，但他们可能会做出国家造成伤害的行为。因此，在具体的教学过程中，高校应始终不渝地坚持协作教育的理念，积极加强教学内容之间的衔接，突出重点，共同发展。坚持理论联系实际，根据学生的具体特点调整教学方法，帮助学生解决学习和生活中遇到的各种思想问题，纠正他们的思想偏差，使课程的实用价值得以体现，实现马克思主义理论与日常生活的有机联系，把优越的理论知识落实到生活的细微之处。学生在日常实践中必须以理论为指导。无论是在校园文化建设中，还是在党团活动中，理论的指导作用都不容忽视。

只有这样，理论联系实际的现实意义才能显现出倍增效应，在这个过程中，理论学习的内容才能得到巩固和加强，协作教育的效果才能得到升华。

4. 工作方法的借鉴性

高校思想政治教育协作教育的重点是教育，在具体工作方法的选择上可以取长补短。实现目标的方法有很多，最重要的评价标准是它是否有效。只要我们能够坚定不移地践行"立德树人"，只要选择的方法足够科学，就应该积极地运用到教学实践过程中去。随着网络信息的普及，现代大学生有了更多的渠道获取更多的信息和知识，因此教学方法也应该与时俱进，顺应学生的学习习惯，用更多可接受的教学语言和方法提高学生的学习积极性。而且，在开展思想政治教育的时候，我们也不应该完全放弃传统的思想政治教授方式。通过这种方式，可以提高高校管理团队的学术高度，学生会对高校教师有更多的尊重，与教师的关系也会更加和谐。实际上，思想政治理论课的工作方法可以概括为"晓之以理、动之以情"八个字。它也是教学与推理有机结合的一种方式。在具体的教学工作中，教师可以给学生讲各种各样的故事，并为他们播放 PPT。显然，这种方法在效果上要优于枯燥的说教，能够达到动情的目的。日常思想政治教育工作更加严峻，大学生正处于人生最活跃的阶段。因此，在开展日常学术工作时，必须注意严肃执行。如果没有纪律，活动的效果可能无法达到。此外，大学教师应说服学生不能盲目比较，不受约束地玩游戏，以免让学生在错误的道路上越走越远。客观地说，上述工作方法只是高校思想政治教育协同育人的开始，这是一项复杂的工作。单靠一种工作方法显然是不可能达到效果的，所以要注意"他山之石"的引导。只有同时采取多种措施，教育才能有效。

第三节　新时期高校思想政治教育协同育人机制的类型

一、高校辅导员与专业教师协同育人机制构建

（一）高校辅导员与专业教师协同育人的特征

1. 工作对象和目标的同向性

在高校当中，不管是辅导员还是教师，都需要为大学生传道授业解惑，帮助大学生很好地成长。高校开展思想政治教育工作需要充分发挥辅导员的积极作用，他们是专职学生工作队伍中的生力军，是开展教育的重要支撑力量，其工作职能包括以下几点：一是对学生进行心理辅导；二是提升学生的思想认知与道德水平；三是处理各种日常事务。专业教师则是更多地在专业方面对学生进行辅导，帮助他们架构专业的知识体系，提升他们的专业素养和能力。两者在立德树人方面目标一致，价值相当。

2. 工作场域和分工的互补性

辅导员和专业教师虽然同样在进行人才培养，不过其侧重点各不相同。辅导员更加关注的是学生的身心健康和道德水平，其工作的主要场所是班团活动或是各种社会实践场地，属于第二课堂。专业教师则不同，他们的主要工作是为学生传授理论知识，提升他们的实践能力，其主要的教育场所就是课堂。虽然两种方式功效不同，不过在育人体系中的地位同等重要。而课程思政可以将第一和第二课堂有效衔接起来，实现辅导员和专业教师的优势互补。

3. 工作方式与方法的互鉴性

随着时代的发展和工作对象的变化，辅导员的工作也会发生很大变化，因此需要具有创新意识。辅导员需要把握时代发展趋势，将新媒体引入到教学过程当中，选择学生可以接受的方式对学生进行思想引导和教育，帮助其更加健康地成长。这种教育方式比较显性，属于感性层面。相比较而言，专业教师就更加理性，他们严谨的工作方法和孜孜不倦的教学态度可以对学生产生影响，这种影响更加隐性，不过作用却很明显。课程思政的存在使辅导员和专业教师之间的关系更加密切，引导其不断耦合、同向同行。随着课程思政的逐步落实，原先教书与育人之间的鸿沟逐渐被填平，各种教育理念也被融合到知识教育当中，非常符合当前高校思想政治教育的本质要求。所谓协同育人指的是随着教学环境的改变，会出现很多新的序参量，而各项育人要素之间应该密切配合，实现教育资源的有效配

置，这是一个健康运行的有序结构。有了课程思政的推动，专业教师和辅导员可以开展工作协同。

4.辅导员应该尽职尽责

正是因为有着自己的工作职责，所以辅导员应该积极推动实现工作协同。辅导员所面临的工作内容非常庞杂，要想保质保量完成各项工作其实有着很大的难度，而且也不能对工作质量进行保证。2014年，《教育部关于印发〈高等学校辅导员职业能力标准（暂行）〉的通知》指出，将辅导员的职业能力进行了三个等级的划分。① 这也可以确认辅导员的工作价值，初级辅导员主要负责处理各项日常事务，而高级辅导员则要指导学生制定自己的职业规划，准确把握思想工作发展规律，这是能体现辅导员工作能力的一种标准划分。而辅导员就是要不断提升自身能力，推动管理教育和教书育人的有机融合，才能达到更好的教学效果。

专业教师需要逐步提升自身的课程思政能力。因为教师在这方面的水平会直接影响教育效果。如果能够和辅导员协同起来，可以对思政教育的内涵进行升华，帮助学生更加深入地理解思政的内涵，教师在这个方面的积极性和主动性也就更强。可以协助专业教师更好地对思政教育的时代背景、发展脉络以及现实意义进行把握，了解不同时期的相应情况，真正意义上做到"守渠种田"。

需要对思政教育的实施效果进行有效提升。在辅导员和专业教师的教育过程中，需要重视加强思政课的目的性，提升亲和力，他们的工作其实是互融的，都属于"三全育人"中不可或缺的部分。思政理念是带有实效性的时代课题，需要长期的探索和研究才能把握，其中需要合理的设计、多方资源的参与，而辅导员的主要作用就是完成"显性思政"教育工作，这也需要很多资源参与进来进行统筹与配置。

（二）高校思政理论课教师与辅导员协同育人的意义

1.有利于提升思政课教师工作队伍的综合素质

长久以来，高校中存在思政理论课教师与辅导员各自为政、互不往来的情况，两者分属不同的职能部门，业务协同具有现实障碍，存在业务交叉较少、交流不多，以及两支队伍两张皮的情况。同时，由于固有观念的偏见，两支队伍长期缺乏角色认同。根据调查，很多思政课教师认为辅导员是"一线管理员"，缺乏对辅导员工作的了解，以及对辅导员工作的角色认同，认为他们仅仅只是学生工作的管理者和服务者，对辅导员角色存在偏见，也不愿意担当辅导员工作。而很多

---

① 教育部关于印发《高等学校辅导员职业能力标准（暂行）》的通知 [EB/OL].

高校辅导员认为思政很多课教师仅仅是课堂管理者，上课内容往往空洞乏力，对学生不够了解，对学生进行思想政治工作缺乏说服力和有效性。

一方面打造高校思政理论课教师与辅导员协同发展，有助于思政理论课教师打破偏见，担任班级兼职辅导员或者班主任，加强对辅导员队伍的角色认同。同时，思政课教师在深入学生的一线工作中，主动去亲近学生、关爱学生，帮助学生，了解学生的所思所想，帮助学生解决困难，尤其是关注班级里的特殊学生、困难学生。思政理论课教师在协同育人的实践中，根据不同班级不同专业的学生制订不同的学习计划，完善思政理论课教学内容，创新教学方法，进一步提高思政理论课教学效果。这样，思政理论课教师促进了自身教学能力的提升，同时进行教育教学改革，进行教学研究，促进了教育科研能力的提升，拓展了育人空间。

另一方面，高校辅导员往往来自不同的学科专业，有着不同的学科背景，并且部分辅导员学历不高、专业知识不够扎实。高校辅导员与思政理论课教师协同育人的实践，有助于高校辅导员改善学生管理水平，提高政治站位。尤其是对于辅导员教师队伍中的优秀分子，可以纳入思政课教师队伍中来，辅导员上思政课，增强思政课的实践性。同时也有助于辅导员转变观念，更新学习观念，促进辅导员队伍的职业规划，促进其长远发展。

2. 有利于形成学校"大思政"格局

大学是实现大学生立德树人目标的主阵地。高校思政理论课教师是实现立德树人根本目标的主力军，而高校辅导员肩负着对大学生进行思想道德建设的主要任务。因此思政理论课教师和高校辅导员在工作目标上具有一致性，扮演的育人角色具有相似性。并且高校思政课教师与辅导员在育人领域发挥着同样的功能和作用。这些决定了两支队伍在最终目标上具有同一性，在工作内容上具有互补和互融性，在工作方法上具有互补性和互鉴性。因此高校将两支队伍整合在思政育人大格局中，践行同向同行的工作基调，将学生的思政理论课与日常思想政治工作结合起来，促进校内校外、课上课下、线上线下，将思政教育融入大学生生活学习的方方面面。思政理论课教师与高校辅导员互相配合，共同发力，实现思想政治教育全员参与、全过程参与和全方位参与，共同构建高校"大思政"格局，为高校实现立德树人的根本任务打下坚实基础，为培养新时期德智体美劳全面发展的社会主义建设者和可靠接班人贡献力量。

3. 有利于提升高校育人效果

高校辅导员工作侧重于学生的日常管理，对学生进行日常思想政治教育；而思政理论课教师承担大学生思想政治课程，负责讲授理论知识，往往对学生生活缺乏了解和关心；学生存在反感思政课的现象，一提起思政课就是"讲大道理""洗脑"对思政课产生厌烦、逃避心理较为常见。构建思政理论课教师与高校辅导员同向同行机制，提升两支队伍的协同育人观念，让一线思政理论课教师深入学生实际，到学生身边去，进寝室、访社团、与学生共上专业课、参加班级活动、参与班级日常管理工作，这样让学生真正感到思政课不再是枯燥、空洞和"远在天边"的课程，而思政课理论教师也在学生心中变成了可亲可敬的形象。思政课教师与辅导员通力配合、优势互补，共同管理班级，加强对班级的教育，帮助学生树立正确的观念，形成良好的道德风尚。长此以往，对于加强学校思想政治教育具有重要作用，以此提升育人效果，最终实现立德树人的根本目标。

（三）高校辅导员与专业教师协同育人的现实困境

首先，认知水平较低使得相关意识提升不起来。专业老师通常会将更多的精力放在自己的专业上，却没有意识到思政课的重要性，理解不了其内涵与价值。在很多教师看来，思想政治教育就是任课教师和辅导员的工作。其实，课程思政理念是贯穿在整个教育过程当中的一种理念，专业老师不能受到传统思想的影响，而是要自觉主动地担负起这个责任，积极顺应时代发展潮流。对辅导员来说，他们需要处理的事务性工作非常繁杂，比如管理班级、为学生进行心理辅导、帮助学生完成职业规划等。这些工作较为细致，久而久之，辅导员的思维也会变得程式化，不能以理性的思维来通盘考虑全局。他们可能认为，课程思政就是属于专业教师的工作内容，在这样理念的指引下，他们工作格局就不会太宏观，会出现这样或是那样的疏漏。总之，辅导员不能深入理解课程思政的理念，也无法与专业教师携起手来共同进行协同育人。

其次，工作能力不足，教学效果不理想。课程思政在很大程度上考验了专业教师的实际能力、道德水平和把握现代信息技术的水平。在新的历史条件下，专业教师需要具备多重素质，能够完成课程建设、可以实现人才培养，这是教师专业能力的一种体现，不过从现实情况来看，很多教师年纪尚轻，在思想政治工作方面较为生疏，也需要承担很重的科研任务，所以在教学设计以及评估方面就显得力有不逮，能力不足的情况比较明显。

再有，辅导员要胜任本职工作也需要有专业的能力做支撑，不过他们中的很多人经验较少、阅历欠缺，不管是理论基础还是理想信念都不够充足，总体而言也是能力不足。在这样的情况下，辅导员和专业教师的配合起不到应有的作用，思想政治工作无法顺利推进，甚至还是出现适得其反的情况。

最后，机制存在不合理之处，使得合力发挥不出来。要想高效推进课程思政，不能只以教师的自觉主动为主，还要在高校内部建立完善而健全的工作体系，对当前的制度进行合理优化。理论上讲，不管是专业教师还是辅导员，都属于思政工作开展中必不可少的教育资源，不过，因为他们分属不同的管理体系，各自的考核标准也各不相同。所以，他们都在按照自己的工作路线开展教育工作，长此以往，教育资源得不到合理优化配置，很多信息沟通不畅，无法实现优势互补，学生工作和教学工作做不到协同一致，教育合力就无法实现。现阶段，高校开展思想政治教育已经有了明确的目标和方向，所以应该积极推动内部改革，保证体系内部的顺畅运行。

（四）高校辅导员与专业教师协同育人的路径选择

1. 引导辅导员与专业教师树立育人理念

学校要在整个教学过程中融入思政教育理念，在全校范围内进行最广泛的宣传，让广大师生对此达成共识，不过要真的在实践中实现这一目标，其实还是任重而道远。很多老师长期以来已经习惯了自身的岗位角色，他们理解不了课程思政和自己有什么关系，在立德育人方面也是知之甚少，所以需要对教师的认知水平进行有效提升。高校要做好宏观统筹，坚持从实际出发，将协同育人的观念普及给广大教师。充分利用各种情景开展思政教育，让教师真正意义上认识到"守渠种田"的重要性，明确自身责任，改变以往"条块分割"的思想意识，坚持做到协同配合。对于广大教职员工来说，立德树人是他们应该共同直面的现实任务，也是他们的历史使命，所以开展多部门的协同联动就非常有必要。高校思政教育的开展需要辅导员和专业老师的通力合作，这是新时期教书育人的必然选择，也是高校育人体系中不可或缺的一个部分。

2. 健全当前协同育人的制度设计

只有高校打造健全的制度体系，才能很好地将辅导员和专业教师联系起来，打造优质的协同育人格局。第一，需要在学校内部制定宏观战略和发展策略，在高校内部管理体系中增加课程思政的内容和目标，特别是学工部和教学管理两个部分，需要设定共同的发展目标，齐头并进，协同发展。第二，在考核方面要突出育人实效这个重点，保证评估机制的合理性，建立明确的奖惩机制。要将学生工作和教学工作两个部分有机联系起来，打造完善的制度体系，解决不同序列考核指标不一致的情况，将各级教师的工作积极性充分调动起来。第三，要对教学管理制度进行细化与明确，对教师的课程思政职责进行明确，打造系统的研讨机制，在工作过程中多多沟通与交流，年终做好总结与展望工作，尽可能地保证资源优化配置，消除信息不对称的情况，将合理育人的理念在真正意义上落到实处。

3. 融合协同育人的理论和实践

整个课程思政是个动态运行与发展的理念，需要各种教育资源进行系统整合，在这个过程中，教师的教学能力也能得到显著提升。这也需要教师以积极的态度投入到这项工作当中，认真学习马克思主义理论，实现思政理论和专业知识的有机融合。辅导员的主要工作就是指导学生开展思政实践，不过有些辅导员也会兼职有关思政的授课工作。在这样的情况下，实现两个队伍的协同合作其实更加容易。要设立专门的科研项目，从理论合作入手，逐步提升辅导员和专业教师的思想政治理论水平；充分把握建构思政案例库的发展良机，使得辅导员和专业教师在教学实践方面的关系密切，健全当前的教育体系，实现资源优化配置，保证思政实践能力的稳步提升。而课程思政也要对各种可利用的资源都予以重视，创造条件吸纳更多的时代发展元素，按照学生的喜好对当前的教学内容进行优化，让课程设置更具吸引力，将课堂教学和日常管理巧妙地融合起来，在这样的设置下，辅导员对思政课也会产生浓厚的兴趣，那么再进行教育指导也就更有针对性。

4. 建立协同育人的工作平台

高校思政理论课教师属于马克思主义学院或基础部管理，高校辅导员属于学生处职能部门管理。两支队伍属于不同的职能部门，两者之间的交流与合作具有无法回避的现实壁垒。同时在工作性质、分工职责和领域等方面，两者存在着差距。着重构建高校思政理论课教师与辅导员协同机制，必须打破现实壁垒，理顺辅导员和思政理论课教师工作的共通性，并且消除长久以来形成的心理偏见。明确两支队伍思想政治工作的职能定位，着重寻找两者工作的统一性，总结和借鉴学校开展两支队伍共同协作的成果经验和做法，打通职能部门"各自为政"的局面，落地配套政策，构建一批协同育人工作平台，实现两支队伍在育人领域上的功能、内容和形式上的互补。一方面，思政理论课教师担当班导师，负责协作辅导员做好班级日常管理工作，对学生的心理问题及时排解，关注问题学生、特殊学生和家庭困难学生，及时疏导学生的心理问题和心理障碍；思政理论课教师积极参与学生的班级活动、班会、"三下乡"活动，通过融入学生、亲近学生，让学生感受到关爱和帮助，促进学生的身心发展。思政理论课教师可以把自己实践中遇到的教学教育难题、典型问题形成系统的教学案例，融入思政理论课教学中来，增强教学的亲和力和感染力，让思政课变成学生心中有温度、有情怀、有高度的金牌课程。同时思政理论课教师还可以整合实践育人资源，将实际工作中收集的经典案例进行分析和论证,形成高校思想政治教育的经典案例,扩展思政课教育科研领域和教学改革途径,促进思政理论课教师转变观念,增强思政理论课教师专业化发展。另一方面,高校辅导员在日常学生思想政治教育中发挥作用,提高学生的思想道德素质,为我校思想政治教育保驾护航。

例如,某高校开展了思政理论课教师"三联系"制度,一是一名思政课一线教师联系一个班级,担当班级班主任,配合辅导员完成日常管理工作;二是一名思政理论课教师联系一个社团,帮助社团进行行业指导和社团规划;三是一名思政理论课教师联系一个专业,与专业课教师通力合作,打造课程思政与思政课程的同向同行机制。思政理论课教师的"三联系"制度就是高校思政理论课教师与辅导员队伍协同育人的先进典型案例,构建思政元素协同育人的有效平台,可以帮助思想政治教育工作者更便捷、高效开展工作,提升工作成效,实现"三全育人"的教育教学效果。但是,需要特别注意的是,实现辅导员与思政理论课教师协同育人不是简单地相互兼任对方的工作职能,更不是让一方取代另一方,而是将两者的优势有机融合在一起,实现整体育人效果。协同不是简单地相加,而是融合发展。

平台的搭建需要制度的保障。在协同育人工作总目标过程中,学校需要构建思政课教师队伍和辅导员队伍两支队伍协同育人的考评机制。构建高效、有力的考评机制是保证两支队伍协同发展的动力。学校党委应积极落实两支队伍协同育人的工作机制和配套考评机制,实现各种激励机制共同推进,通过定性评价和定量评价,实现评价方式多样化和立体化,用科学的考评方式进行综合性评价。对两支队伍的工作实行量化评分,将学生评价、二级院系评价和教师互评相结合,进行综合评价。这有效地避免了考核评价方式的单一化和主观性,有利于促进考核评价的客观性和科学性,促进两支队伍将协同育人工作落到实处,提升队伍工作积极性和主动性,最终实现协同育人的效果。

总之,高校要想真正意义上进行立德树人,前提和基础就是开展课程思政,这项工作既复杂又艰难,系统性非常强。教师需要树立思政理念,学校需要制定相应的教学制度,同时要引导辅导员和专业教师协同合作,以行之有效的方式推动思想政治教育工作的发展。

二、"课程思政"与"思政课程"协同育人机制

(一)"思政课程"与"课程思政"的关系

"思政课程"作为高校人才培养、素质提升的第一课程,在意识形态教育中承载着激励和引导广大青年发奋图强、立志报国的主渠道功能。改革开放以来,高校思想政治理论课历经了"85方案""98方案""05方案"三次调整,对优化思想政治教育课程、提升思政教育质量起到重要的引导作用。目前,高校"思政课程"已形成了相对稳定、协同发展的态势。一方面,高校思政课要重视思想政治理论知识的传授,加强马克思主义基本理论教育,引导广大青年牢固树立崇高的理想信念,增强中国特色社会主义道路自信、制度自信、理论自信、文化自信,厚植爱国主义情怀,把青年的爱国情、强国志、报国行融入坚持和发展中国特色社会主义事业、建设社会主义现代化强国、实现中华民族伟大复兴的奋斗中;另一方面,高校思政课的知识传授还要服从价值引领功能。由于"思政课程"在思想政治教育中起着主渠道的地位和作用,决定思政课的知识性要服从于价值性。思政课不能单纯满足于对宏大理论知识系统的传授,沉浸于对知识领域的深化、思维视野的拓展,而是要用崇高理想目标、典型的榜样示范,来引导和激励广大青年学生树立追求真理、敢于探索的进取精神。因此,在高校思想政治教学过程中,无论传授什么样的知识内容,无论从事哪个行业领域,都要围绕着社会主义建设者和社会主义接班人的政治要求和价值目标来定位,不能单纯为了知识而学知识,而应该有更高的理想追求、更宽广的价值情怀。唯有如此,思政课的地位和作用才能更加彰显,思政课才能"入脑入心"。

与思政课不同的是,"课程思政"是一种新的教育价值理念和教学创新实践。在各专业课程教学实践中,将思想政治教育元素寓于各门课程教学过程中,通过将课堂、网络、实践等平台有机结合,实现思想政治价值理念和专业课程知识的有机融合。从本质上来说,就是将专业课程知识点与思政教育目标有机结合起来,体现专业教育与思政教育的双赢。"课程思政"概念最早是2004年由上海市一些高校为了构建全课程育人体系而提出来的。2014年,为了推进思想政治教育方法改革,上海市将德育纳入教学综合改革过程中,将培育和践行社会主义核心价值观有机融入整个教育体系、整个教学过程,让思想政治教育融入日常教学管理和工作生活中。在此基础上,学界提出"课程思政"概念。然而,目前学界还没有对"课程思政"概念做出明确的界定,或者说还没有达成普遍一致的共识。但是多数学者认为,"课程思政"主要针对各门课程教学环节和教学活动,以课程为

主要教学载体，以立德树人为根本任务，充分挖掘各专业课中蕴含着的德育元素，通过生动活泼、富有成效的教学活动和教学方式，将德育元素渗透和贯穿于教育和教学全过程、全方面，从而实现学生的全面发展。换言之，"课程思政"是基于教育对象的身心特征、教育内容，通过科学规划和有效设计，使思想政治教育与专业课程设计和实施紧密结合，目的是将价值观的培育和塑造"基因式"融入专业课，将教书育人的要求落实在课堂上。

所以，从内容和目标看，"课程思政"和"思政课程"二者既具有内在的一致性，同时又存在差别。一方面，二者都是在贯彻党的教育方针，服务于中国特色社会主义现代化建设的目标，服从于实现"两个一百年"奋斗目标和致力于实现中华民族伟大复兴的中国梦。从本质内涵上看，两者都遵循高等教育的发展规律，都在从事传道、授业、解惑，最为基本的教书育人工作。从目标要求看，都是培养合格的社会主义建设者和接班人，都坚持社会主义的办学方针，其内在契合性在于都在发挥着思想政治教育功能，都是思想政治教育内容体系的重要组成部分。另一方面，"思政课程"与"课程思政"是两个不同的概念，它不仅仅是语序的简单颠倒，表述的差异，还在思政内容、课程地位和表达方式上存在较大的差异。从思政内容上看，"思政课程"是教学单位或教育机构根据中央和教育部关于对思想政治教育工作要求，根据学生思想认知特点和自身发展规律，对马克思主义基本理论、中国特色社会主义理论、中共党史、中国近代史、中华人民共和国史和基本国情等方面系统的理论教育过程；"课程思政"侧重对社会主义核心价值观的引领，强调在各类各门课程中增强政治意识，明确政治方向，提高职业素养和科学素养。从课程地位上看，"思政课程"主要相对课程而言，强调在整个思想政治教育中发挥着"主渠道"的作用，在整个育人体系中起着核心作用；"课程思政"主要相对于育人环节来说，要立足于整个教育过程，把思政课中德育元素融入各门课程的教学过程和教学环节中。从课程定位上看，"思政课程"与"课程思政"都具有育人方向、文化认同的任务，但"思政课程"在"同向同行"过程中起主导作用，"课程思政"是"同向同行"的协同方面。从课程特点和表现形式上看，"思政课程"是针对高校大学生开设的一门必修课，具有很强的意识形态性，将辩证唯物主义和历史唯物主义基本观点和方法贯穿其中，通过课程传授、理论研讨、实践活动等多种形式，提升大学生思想政治觉悟和理论水平，属于显性教育课程。相对于"课程思政"而言，其将德育元素融入专业课和通识课程中，丰富各专业课程的思想内涵，拓展课程教育教学功能。"课程思政"依托着课程这一载体，利用因地制宜的教学形式，将思想政治教育原则、基本目标与专业课的内容设计、课程开发、课程评价有机结合起来,将思政教育内容与专业课程资源开发紧密结合起来,这属于隐性教育过程。

(二)"课程思政"与"思政课程"协同育人的意义

1. 实现课程育人功能

2017年2月,教育部颁布了《关于加强和改进新形势下高校思想政治工作的意见》,在这份意见中突出了思想政治教育工作的价值和作用,指出在新的历史条件下,将积极发挥课程教学的作用,打造坚实的思想文化阵地,全力搞好思想政治教育工作。2017年12月,我国颁布了《高校思想政治工作质量提升工程实施纲要》,该文件明确强调了提升高校思想政治教育工作质量的重要性,指出在现阶段应该健全育人体系,加强思想政治教育改革力度,将专业课程中所蕴藏的思想政治教育元素充分挖掘出来,在实际授课过程中,这些要素也应该成为教师授课的重要知识点。[①] 2019年8月,《关于深化新时期学校思想政治理论课改革创新的若干意见》正式颁布,该文件提到,教育的根本目的就是"立德树人",所以教师需要对教育过程中的德育资源进行挖掘和提炼,并将其和专业课程融合在一起,这样,教师可以在上课的过程中同步开始对学生的价值理念引导,在课堂上打造一个较为完善的协同育人环境,帮助学生在提升专业知识和技能的基础上,同步提升价值理念和思想水平,让其成长为全面发展的综合型人才。[②] 2020年6月,教育部颁布的《高等学校课程思政建设指导纲要》强调了高校培养人才能力的内容,指出课程思政需要做好部署工作,打造健全的工作体系,要求教师对教学内容进行梳理,根据实际情况融入课程思政元素,以潜移默化的方式对学生进行教导。在育人方面,只讲授专业知识其实并不完整。

关于这一点爱因斯坦也有过阐释,人们都认为科学是非常伟大的,不过科学告诉人们不外乎是"世界是什么",在人们搞懂了这个问题之后,接下来更重要的问题就是"到底该如何去做"。这就上升到了价值观的层面,如果有理想信念进行指引,那么回答起来就更加容易。学生掌握各种科学文化知识,其实最终就是要为人类发展和社会进步做出贡献。学生在踏上社会之后,不仅要成为专业领域的佼佼者,而且要成为一个具有和谐性、能够和周边社会、他人,甚至是自己和睦相处的人;可以将自己的专长发挥出来,为社会主义建设贡献自己的力量。

---

① 教育部党组 - 高校思想政治工作质量提升工程实施纲要 [Z]. 教党〔2017〕62号.
② 中央办公厅、国务院办公厅 - 关于深化新时期学校思想政治理论课改革创新的若干意见 [EB/OL]. 新华社,[2019-08-14].

高校在人才培养方面不只有传授知识这一项任务，还要帮助学生做好价值引领工作。具体到课程思政工作上，第一，这项战略举措的根本目标就是完成立德树人；第二，这也是一项必须完成的教育任务，要对学生进行全面培养；第三，作为一种教育方法，课程思政可以实现专业课程和思想教育的有机融合，在高校内打造全范围的育人格局。

2. 实现教育"教书""育人"目标

"课程思政"并非横空出世的新鲜词汇，而是教育内涵的一种体现。其实在高校教育当中，每门功课在传授知识的同时都兼具对学生进行思想政治教育的功能，需要帮助学生端正思想意识，树立正确的"三观"。教育的本质含义有两个：一是教书，二是育人。所以高校的所有课程，其规定性都包含两部分内容：一是课程知识，即为学生传授专业知识；二是课程思政，也就是对学生进行价值观念的引导。这是一种知识与价值的融合，是所有课程都应该具备的两个功能，教书与育人可以实现完美融合也正是基于这个原则。

课程知识的侧重点放在"教书"上，而课程思政的侧重点则不同，它是以"育人"为主要目标。两者之间存在着互为补充的关系。第一，两者有着千丝万缕的联系，不管是在时间还是空间上都能够保持密不可分的联系，尤其是在教学过程中，两者都是相伴相生；第二，两者之间也存在着相对独立性，他们各自有着不同的功能，兼具的属性也各有特点。"课程知识"的侧重点主要放在对知识体系进行构建和讲解上，这是对课程自然属性的一种体现，而"课程思政"则不同，其情感色彩更加浓郁，主要是对学生进行价值观念的塑造和引导，更偏重于社会属性。教育是关系到国计民生的重大事宜，正是因为有了教育，才能为国家培养各种各样的专业人才。在新的历史时期尤其如此，只有重视教育，在进行知识传授的同时不忽视对学生的价值引导，才能帮助学生树立正确的价值理念，让他们健康成长，在进入社会之后才能做出更大的贡献。

（三）"课程思政"与"思政课程"协同发展的原则

课程是各门科学知识的整合，是推动学科和专业协同发展的重要支撑。推动"思政课程"与"课程思政"协同发展，关键在于将思想政治教育德育元素渗透到知识、方法和实践活动中，引导学生将所学的知识转化为觉悟和品格，成为自身精神系统的有机组成部分，成为个体认识世界和改造世界的能力和素质。实现这种转变，要坚持以下三方面的原则。

1. 坚持显性教育与隐性教育相结合

坚持显性教育与隐性教育相结合，一方面，应针对不同课程内容特点和目标要求，对学生进行旗帜鲜明的思想政治教育，提高政治修养和政治觉悟，遇到现实政治思想教育中学生普遍存在的难点疑点时，要敢于发声，在课堂、媒体、网络等平台扩大宣传影响，起到惊涛拍岸的声势；另一方面，要从专业课程中提炼德育元素，融入教学中，利用滴水穿石的态度对学生进行思想政治教育熏陶，达到润物无声的效果。"思政课程"作为显性教育课程，是新时期高校思想政治教育的主渠道，要旗帜鲜明地把马克思主义基本原理教育同新时期中国特色社会主义思想紧密结合起来，把学生思想品德教育同中国优秀传统文化、红色革命文化和社会主义先进文化紧密结合起来，从而实现高校立德树人的根本宗旨和教育目标。"课程思政"作为一种隐性教育，根据课程教学内容和特点，将古今中外名人故事事件、国际新闻动态事件以及社会主义核心价值观与所传授教学内容有机结合，潜移默化地影响学生的思想观念和价值趋向。隐性教育与显性教育有机结合，要通过"课程思政"教学方法的改革创新来实现，并且在创新中不断加强。在"课程思政"教学过程中，首先，要发挥"思政课程"的核心地位，实现对高校各门学科建设和学科教学的方向引领，体现马克思主义理论对其他课程教学的政治指导功能。其次，其他课程作为隐性教育，要在"守好一段渠，种好责任田"的同时，与思想政治课同向而行，发挥协同效应。再次，专业课教师结合所教课程的不同特点和不同教育对象，通过生动形象、贴近现实的案例，在实践活动层面上加强师生互动，从而真正达到对学生知识传授和品德形塑的有机统一。

2. 坚持知识传授和价值引领相结合

开展"课程思政"，不是单纯地传授理论知识，也不是开设新专业、新课程，并不要求每节课都必须进行系统化、显性化的思想政治教育，而是要遵循各门学科各个专业的知识体系和内容特点，深入挖掘所蕴含的德育元素，并有机嵌入、融入思想政治教育过程中。各学科都是人类知识的长期积淀和经验总结，都包含对事物本身内在规律的整体认知和深刻把握。所以，掌握任何一门学科，都需要系统把握课程的知识结构和逻辑框架，不能零碎地、散乱地学习知识，这就需要对各科知识元素和具体内容进行价值整合，统筹谋划，实现知识体系和价值构建的有机统一。对于从事课程思政的教师来说，在传授科学知识的同时，还要注重专业知识与人、社会和生活多向度的联系，建立相互交融的关系网络。比如讲授在某专业领域取得的巨大成就时，要引导学生树立探索科学、追求真理的勇气，弘扬一心为国、不怕牺牲的精神，培养学生敢于批判、勇于创新、追求真知的志趣，传承科学家的默默无闻、甘于奉献的高尚品格。

充分发挥社会主义核心价值观在"课程思政"教学中的引领作用。中国特色社会主义高等教育要求以德为统领，强化对价值观、世界观和人生观的塑造，加强对传统优秀文化、审美情趣、职业素养、道德品格等方面的培养，为学生的健康成长打下坚实的价值底色。在课程教学中，将社会主义意识形态主导性的教育与"课程思政"教学方式的生动性、灵活性结合起来。既要增强马克思主义意识形态在课程教学过程中的主导作用，又要根据不同类型的课程、知识结构和教学内容有所侧重，有所取舍，实现主导性和多样性的统一。

总之，知识传授和价值引领的统一，要求在"课程思政"教学中重视人、环境、教育各因素的相互影响，实现三者的协同配合、同向发展；还要根据学生知识结构、年龄阶段、认知特点，结合不同学科、不同领域进行合理分配，处理好基本理论课、通识课和专业课程的关系，厘清所蕴含的共性元素，起到思想政治方向的引领作用。做好同心圆，拧成一条线，将课内与课外连接起来，把专业课蕴含的德育知识与个人发展内部贯穿起来，打通校内外网络平台沟通联系的"硬阻塞"，发挥高校思想政治在整个知识传授过程的价值引领功能。

3. 坚持统一要求和方法创新相结合

"课程思政"更加注重思想政治教学内容的整体规划、政策激励的引导、教学资源的供给，遵循"课程思政"教学的内在规律。同时，还根据学校特点、专业类型、课程内容等，鼓励"课程思政"教师对实践教学模式进行调整和创新。首先，善于把握思想政治教育的工作规律。"课程思政"作为高校思想政治教育工作的一项重要工作，首先，要根据思政教育工作的性质和特点，确定"课程思政"教学的工作方式和方法。其次，把握教师主导与学生主体的相互关系。"课程思政"教学除传授知识和培养业务技能之外，还要通过寓情于理、情理交融的方式，帮助学生形成良好的思想品德，树立正确价值观念，凝聚思想认同，增强道路自信、制度自信、理论自信、文化自信。再次，要把握教书育人的教育规律。教书与育人密不可分，教书是育人的基础，知识传授需要价值引领，育人是教书的目的，二者密不可分。所以，教书育人要充分考虑到学生的认知结构、思想特点、现实需求，将价值观念、思想理论、精神气质变得更加接地气，更富有亲和力、感染力，让僵硬的抽象思想政治理论变得平易近人、真切感人。最后，把握学生自身成长规律。学生在成长过程中具有明显的阶段性特征，体现了不同个性的发展需要。在"课程思政"教学过程中，从供给侧角度精准分析和了解学生所需的精神文化产品需求状况，根据不同专业、不同课程、不同学段的学生情况，加强马克思主义世界观、人生观和价值观的教育，为学生健康成长提供精准的政治导航。

（四）"思政课程"与"课程思政"协同发展的实现路径

"课程思政"涉及各个学科、各个专业，是一项复杂的系统工程。它不仅涉及专业学科的建设、内容体系的构建，还涉及课程建设、制度方案等相关内容的整体安排。所以，要从顶层设计、体制机制、教学方式和评价体系等方面，加快"思政课程"与"课程思政"的协同发展。

1. 教学内容设计方面

（1）加强高校"课程思政"教学内容的设计

加强"课程思政"教学体系建设，着眼于学校的长远发展目标，将"课程思政"目标与"双一流"学科建设相结合，从本科教学质量评估、"双万计划"等方面制订"课程思政"教学的发展规划；着眼于全课程的育人体系，完善专业人才培养方案，从培养目标、能力要求、知识任务等方面细化"课程思政"的教学质量标准，制定具体"课程思政"的教学指南；着眼评价指标体系建设，根据不同类型高校、专业特点，制定专业"课程思政"工作评价标准、教学评价指标体系、教学质量评价指标。通过构建以思政必修课为核心，以通识课和公共课为支撑，以各专业课为拓展的课程思政体系，最终实现全员、全过程、全方位育人。从当前思想政治教学目标看，高校思政课主要以马克思主义理论公共课为基础，加强对社会主义核心价值观的教育，为中国特色社会主义制度和现代化建设服务，为坚定中国特色社会主义的道路自信、制度自信、理论自信、文化自信服务，为培养合格的社会主义建设者和接班人服务。"课程思政"教学过程中，要充分发挥思政课程的主导作用，以社会主义核心价值观为引领，对课程内容、教学方法、师资力量、交流平台等方面进行全方位改革，将政治理论知识与时政热点紧密结合。善于从专业视角对学生感兴趣的话题深入剖析，增强课堂的吸引力和趣味性，从而增强学生对国家和社会的责任感和使命感。充分发挥通识课在高校思想政治教育中的支撑作用，高校要根据自身办学特色、基础条件、资源优势等，开设通识教育课程，在课程内容、教学方法、师资力量等方面构建科学完整、系统有序的"课程思政"教学体系。充分利用专业课在思想政治教育过程中的拓展作用，利用哲学社会科学课程培养学生的哲学思维、科学思维等，并且注重对自然科学课程类型的学生的职业道德素养、科学精神、社会责任等方面的培养。

（2）加强"课程思政"教学重点内容研究

加大对专业课程德育元素的资源挖掘。新时代我们明确的提出各类课程都具有育人功能。"课程思政"要善于挖掘各专业课程中的德育元素，并贯穿于教学过程中，与专业课程教学紧密地结合在一起，便于学生更好地领会接受。

善于从知名人物及其事件中挖掘其内在的深刻含义，提炼精神文化，把握精神实质，让学生从名人事迹中获取内在力量，学习名人立志成才、报效国家的高尚情怀，激发从事本专业工作的精神动力，鼓励学生刻苦学习，专心从事科研，勇于攀登科学高峰，为学生最终选择专业、选择工作打下坚实的基础。

善于从学校学科发展特色和背景中挖掘所蕴含的思政元素，真正形成具有特色个性化的课程体系。对于不同专业课教师，要从专业的学科知识体系中明确德育的主要内容和价值方向，利用不同的教学方式和教学手段实现专业知识与育人目标的有机统一。

加大"课程思政"教材内容编写和修订。在"课程思政"教学过程中，所涉及学科划分复杂、内容广泛，需要对思政课与"课程思政"相关问题系统梳理、深入研究，并把研究成果转为"课程思政"的教学内容，解决学生内心的"政治困惑"和思想疑点。要对专业课程教材和思政课教材进行适度的修改，根据内容特点和目标要求增添一些德育元素，增强课程思政教学的趣味性和生动性。

创新"课程思政"教学形式，充分利用现代传媒和网络信息网络技术优势，通过微博、QQ、微信等社交软件，加大"课程思政"宣传力度，让广大高校师生在思想认同、目标一致、步调协同等要求下形成"课程思政"的教学格局。

要加大对示范项目的建设力度。选择一批学院、一些课程、一批教师进行示范项目建设，可以在校党委和二级学院党组织的指导和监督下，总结提炼可供复制、推广的经验做法，并将其逐步展开。高校各职能部门也要树立立德树人的教育理念，充分发挥党员教师的先锋模范带头作用。

2. 教学课程优化方面

（1）从育人目标上实现各类课程的优化升级

高校培养人才的过程既要育才，同时也更要育人，这是一个相辅相成的过程，只有将育才和育人的理念融合在一起，才能真正地培养出优质的人才。课程思政的教育工作应与思政课程的教学目标、教学理念和教学方式方法保持一致。高校育人目标与各门课程的能力目标和知识目标等因素都是密切相关的。因此，在新形势下，高校的基础课以及专业课都应创新现有的教学方式方法，不只是注重在课堂上传输知识，更要注重提升学生们的综合素质，教学的过程中还要注重帮助学生树立正确的价值观，保证思政课程和课程思政教学工作步调的一致性。教师应在充分结合正确的人生观、世界观、价值观以及职业道德和社会公德的基础上设计所教授学科的教学目标，培养学生具有良好的职业品格和职业态度，在教学过程中有步骤地进行思政政治教育工作。教学过程中应明确人才的培养目标为"立德树人"，重点做好对学生的人格品质和信念理想等方面的教育工作，从而培养出符合新时期社会发展要求的高素质人才。

（2）不断创新育人的方式方法，促进课程的优化升级

在新时期的要求下各大高校只有真正做好了思想政治教育工作，才能更加顺利地完成"立德树人"的育人目标，无论是思政课程，还是课程思政，育人都是其真正的教育目标。育人是一个整体的过程，无法将其划分成若干个部分，因此，育人的过程中应保证每一个部分都能密切配合并且保证思想价值和技能培养的互相渗透，进而形成合力保证育人目标的顺利完成。课程思政与思政课程要想真正实现协同育人，就要求教师不仅要能够有效地传播学科知识，同时过程中还要渗透好思想政治教育任务，思想政治教育工作一定要更加贴近学生真实所采用的学习模式。以宣扬社会主义核心价值观以及诚实守信、民族自豪感等优秀品德作为基础来做好课程思政的教育工作，教师多采用形式多样的教学方式方法来融合学科理论知识和技能训练的相关内容，如反思式教学和启发式教学等方法，力求在让学生掌握学科知识技能的基础上体会到他们应具备的职业精神和思想品德。举例来说，以"国际关系概论"这门学科的教学工作为例，教师通过采样多样式的教学方法进行课程思政的教学，告诉学生可以借助于马克思主义理论来对当前社会的发展形势进行科学的分析，帮助学生在学习的过程中形成正确的人生观、世界观和价值观。育人过程中同样也要明确学生的主体地位，借助于先进的教学技术和教学方法来将复杂抽象的教学内容生动地展现出来，不断提升学生的理论知识储备，让学生在实践训练的过程中真正体会到深刻的思政政治理论所想要表达的内容，可以在省内各类高校中选出省级示范课点，并相继建设市级以及区级的示范课程，筛选出那些具备优异师德和高尚素质的教学名师团队，建设课程思政的教学研究榜样单位，以这种榜样的提升来提升省内各类高校的育人效果和水平。

（3）丰富育人教学元素，实现课程的优化升级

为了更好地促进高校课程思政与思政课程协同育人目标的顺利完成，还必须进一步地挖掘其育人元素，并对现有育人元素进行丰富和挖掘。要想将思想政治元素资源和元素合理地融入到各门学科的教学过程中并不容易，各门学科的教师在建设课程目标时也应让思政教师参与进来。以"立德树人"的育人目标为基础，

从社会主义核心价值观和职业道德教育等方面不断地丰富现有的教育过程中的育人元素。互联网时代的高校大学生们是非常乐于学习新知识的，特别是那些他们感兴趣的知识，那么将可以激发学生学习兴趣的时政知识融入教学过程中就是一项关键课题了，课程思政的建设工作是需要学科教师和思政教师配合协作的，共同制定出将思政知识融入学科教学中的有效对策。当然，各学科的教学工作也切忌出现"全部思政化"的现象，应在充分分析各门课程实际特点的基础上发挥出思政理论课的引领作用，提升课程思政的育人效果。

3. 高校领导机制方面

高校"课程思政"要做好顶层设计，统筹谋划课程建设整体思路，探索课程思政教学的常态化运行机制，根据不同学科、不同专业建立行之有效的领导机制、管理机制、评价机制。在领导机制方面，要发挥校领导的主体责任作用，深入到教学一线亲自指导，关注思政课，走进课堂，了解当前高校学生思想政治课的情况。在管理机制方面，应加强学校领导、宣传部、教务处等职能部门的相互配合，强化对课程培养方案、教材建设、师资队伍建设等的密切配合，深入了解各学科内部建设情况，形成"课程思政"教育的合力。在监督评价方面，职能部门要修订完善相关管理文件，在制度层面，根据常态化、科学化要求，制订"课程思政"建设相关方案。教务处、人事处、科研处、各学院要把"课程思政"建设成效和工作业绩纳入教师党支部考核指标体系。在高校教师职称聘任、职务晋升和评优表彰中，明确"课程思政"的相关要求。在监督评价机制方面，要坚持立德树人的教育理念，将"课程思政"的教学质量和学生成长目标作为评价标准，建立完善的监督体制。在激励机制方面，完善资助奖励"课程思政"建设的各种激励办法和奖励措施，对"课程思政"教学有突出贡献的专家学者给予适当的奖励，在物质保障和制度保障的基础上，提升各专业教师的积极性、主动性和创造性。

4. 教学模式创新方面

在"课程思政"教育活动中，需要科学定位思想政治理论课教师与其他专业课程教师之间的关系。在整个思想政治教育体系中，要建立专业课程与思想政治理论课之间的良性互动机制。在课程资源开发方面，要从"课程思政"的整体规划与设计、思政教育内容的深度开发、专业课程思政教材修改完善、思想政治教育实践平台与基地建设等方面，推进思想政治教育课程理论体系的重构和创新。在教学互动中，建立思政课教师与专业课教师的互动合作模式。加强"课程思政"教学活动设计、教学资源整合，完善思想政治理论课教学体系。由于"课程思政"内容性质和目标要求决定教学方法特殊性，这不仅要聚焦专业方向，发挥价值引领作用，而且要加强学科互动，资源整合，提高思想政治教育的实效性。加强思政课专职教师与专业课教师的交流与合作。一方面，思政课专职教师要坚定政治方向，按照立德树人的根本任务和要求，创新工作方法，优化思政课教学资源，以发挥思政教育主力军的作用，引领专业课教师做好思政教育工作；另一方面，思政课专职教师不能闭门造车，要不断更新教学理念，不断改进与优化教学方式，提升职业素养和专业水平，以带头人的示范力量帮助专业课教师做好思想政治教育工作，在理论修养、政治素养、思维方法等方面做好在学校教师队伍中的引领作用。针对在教学中遇到的重点、难点，相互探讨、相互切磋，并制定相应对策，共同促进"课程思政"教育质量和教育水平的提升。

（1）推行线上学习和线下探讨双平台实现协同育人

随着我国互联网技术的迅速发展，应借助于大数据、智慧城市、物联网以及移动互联网等先进技术建设高校的线上学习平台，更科学地应用信息化的教学环境，同时高校还可以在线上建设全媒体中心。举例来说，高校可以建设思政课程与课程思政的信息化教学资源共享平台，学生们在这一平台可完成基础课、专业课以及思政课等各门课程的学习任务，并且在平台的云端还可以建立思政课程与课程思政的优秀案例习题库，并定期定时地向浏览平台的高校学生推送和展示，学生若想了解相关知识只需登录平台即可，创新现有的育人模式，保证高校的整体育人效果，促进学生的全方位发展。

创建线上学习平台的同时也要保证线下研讨的阵地，将"立德树人"作为线下教学工作的基本点，并更加明确学生在研讨过程中的主体地位，从而有效完善现有的教学方式方法。综合地分析从线上学习平台所汇总的学生的学习数据和成果，制定出更具差异化和针对性的解决对策。教师在备课的过程中，均可以共享专业教学资源库中的各类教学资源，构建出能够覆盖全体师生以及满足全体学生特色需求的线上学习与线下研讨联动的思想教育工作模式。

（2）共建课堂教学与课下活动实现协同育人

教师在教学的过程中一定要秉持"育人共同体"的理念，在遵循精准、融合等教学原则的基础上将思政元素与各门课程的理论知识和技能训练内容紧密地结合在一起，实现价值引领和知识传授的协调统一，在潜移默化中就能够取得优异的育人效果。为更好地保证高校"立德树人"教学目标的有效完成，就要更加发挥出思想引领和政治强化的重要作用。教师在设计所教授课程的教学目标时要融入争取到人生观和价值观，而在培养学生的实操技能时也可以融入职业操守、职业素养以及诚实守信等思政元素。将思政政治教育与课程的教学过程有机地融合，教师应能够成为学生的标杆和榜样，这就要求了教师也要具备良好的职业素养和人文素养，这样才能最大限度地保证课程的育人效果。

课下也要为学生安排一些教学活动，此时就要充分地考虑到学生的学习兴趣和社会的发展需求等因素，多向学生展示一些与思想政治相关媒体资源，让学生认识到社会主义核心价值观以及道德品德对于个人发展的重要性。课堂上应注重激发学生的学习兴趣，课下应注重宣讲思政课程与课程思政协同育人的先进事迹，课下还可以安排学生深入的社会上进行实践调研，对社会上的时事热点新闻进行深入地挖掘和分析，不断地提升学生的职业品德和人文素养，保证整体的教学效果。

（3）建立校内培训和校外实训双基地实现协同育人

高校还应更加注重提升教师团队的综合素质，应共同做好对学生的实践指导工作。在集体备课的过程中，教师应将自身在课程思政教学过程中所遇到的问题提出来，并与其他教师共同研究改进策略，应以不断提升学生的综合素质为基础来完成好课程思政的教育任务，高校也应在不断丰富育人元素的基础上，发挥出校内实践、研发、组织和网络等多个方面的育人功能。同时在校外还要建立各类实践训练基地，实践导师也要以"立德树人"为目标对学生进行训练和指导，并深入挖掘实操过程中的思想政治元素，将思政教育的相关内容与课程的专业操作知识有效地结合，在学习专业技能的同时也要领域职业的道德和操守。在学生在实训基地上实践课的业务时间可开展相关的红色教育内容，在假期的时候教师可带领学生去参观红色基地，培养学生的爱国情怀，并将这种情怀逐步转变成其良好的职业道德和拼搏精神，鼓励学生在业务时间多去参加课外的志愿服务活动，如关爱他人、助残服老和公益宣传等形式，帮助他们形成良好的奉献社会的精神和责任意识，并鼓励他们一定要坚定践行社会主义核心价值观。在学生的成长过程中，应充分地发挥出学业导师、实操导师和榜样楷模的引领作用，形成一个校内外共同完成思政教育目标的格局。

三、家风建设与高校思想政治教育的协同育人机制

（一）家风教育的理论基础

1. 马克思主义家庭观

第一，家庭的本质问题。家庭作为一种组织形式，包括两种属性：自然属性和社会属性。家庭的自然属性是指婚姻家庭赖以产生和存在的自然条件和两性结

合的生物学规律和人口繁衍的自然规律。这一属性是婚姻家庭的特点和前提条件，也是婚姻家庭与其他社会关系的区别所在。家庭的社会属性是指家庭赖以生存的社会基础，即社会制度、社会结构赋予婚姻家庭的本质属性。马克思恩格斯指出，"首先就需要吃喝住穿以及其他一些东西。所以人们进行活动的第一个条件就是生产能够满足生活的生产资料"①。因此，他们认为人首先得满足基本的衣食住行，才能进行物质资料的生产活动。而物质资料是人们赖以生存和发展的基础，只有进行物质资料的生产，人们才能得以生存和繁衍，家庭才会向前发展。家庭它既可以满足人对物质资料和人口繁衍的需求，又能保障人在社会制度制约下的生存和发展。

第二，家庭的伦理道德。马克思恩格斯对家庭伦理的看法是从婚姻家庭中两性地位的不平等来阐述的，其中包括婚姻和爱情这两方面，但不止于此。在早期历史记载，不难发现女性家庭地位高。而后慢慢出现家长制家庭，男性出门捕鱼，女性照料家务。长此以往，逐渐演变成为男性出门谋生，女性在家相夫教子。女性的家庭地位日趋下降，被社会发展所淘汰，与人类早期妇女的地位相差甚远。这样不平等的两性关系显然对家庭的和谐和社会的发展十分不利，恩格斯在《家庭、私有制和国家的起源》中提出"妇女解放的第一个先决条件就是一切女性重新回到公共的事业中去"②在当前社会背景下，女性应走出"围着锅台转"和相夫教子的圈子，走进社会去创造社会财富，实现个人价值，获得社会尊重。在家庭中对子女的教育也不局限于女性，男性同样要付出心血。

2. 思想政治教育环境论

人的思想道德和思想政治教育活动都是在一定的环境中形成和实施的，因此受环境的影响极大。思想政治教育环境是指思想政治教育所面对的外部客观存在，是一种特殊的环境系统，与思想政治教育活动息息相关。陈万柏、张耀灿将思想政治教育环境定义为，"对思想政治教育活动及对象的思想品德形成和发展产生影响的一切外部因素的总和。"③

思想政治教育环境论主要从宏观环境和微观环境两个方面来探讨环境对于思想政治教育的影响。宏观环境对思想政治教育的影响主要包括：经济、政治、文化和大众传播环境对思想政治教育的影响；而微观环境主要有家庭环境、学校环境、社会组织环境、社区环境以及同辈群体环境的影响。思想政治教育环境具有

---

① 马克思，恩格斯.《马克思恩格斯选集》(第1卷)[M].北京：人民出版社，1995.
② 马克思，恩格斯.《马克思恩格斯文集》(第4卷)[M].北京：人民出版社，2009.
③ 陈万柏，张耀灿.《思想政治教育学原理》(第二版)[M].北京：高等教育出版社，2007.

其自身的特点：首先，思想政治教育环境是一个由不同类型和层次的环境构成的一个动态且立体的环境体系，因此该环境系统较为复杂。其次，思想政治教育环境具有动态性，由于时代变化、社会更迭，思想政治 教育环境就会随之变动。再次，人类生活在一个特定的、具体的环境，那么教育活动就会 在一个具体环境中进行。对于教育对象和某种教育活动来说，思想政治教育的环境又是特定的，故其又具有特定性。最后，思想政治教育环境是可创的。人们可以通过发挥自己的主观能动性去改造和创造新的环境。

（二）家风建设与思想政治教育协同育人的可能性

众所周知，家是最小国，而国家则是由千千万万个家庭组成的。如果能够实现家庭和睦和幸福，那么社会的安定与祥和就有了保证，而且，社会文明的实现也是由家庭文明缔造而成的。要想把家庭和国家衔接在一起，最好的途径就是进行家风建设。所谓家风，就是父母长辈教导子女该如何成长、如何做一名合格的社会主义接班人，让他们在人生的第一个阶段就自尊自爱自信自强，这是一项非常有意义的教育工作。在宣传马克思主义思想这项工作中，学校所起到的作用也是非常重要的，高校承担着培养时代赋予的艰巨责任。尤其是在当前这个历史时期，应该积极推动家风建设和高校思想政治育人的相互融合，实现两者的并行共进，这具有很强的现实指导意义。

1. 同根性

从本质上讲，家风建设和高校思想政治教育植根于中华传统文化。我国历史悠久的民族文化是中华民族不断发展的营养与基础。在这些优秀的历史文化中，家风是"一个家庭的精神内核，也是一个社会的价值缩影。一个家庭的家风体现着各自的价值追求和精神风貌；无数个家庭的家风会聚起来，就构成了一个社会的价值取向和精神状态"[①]。现阶段，我们的家庭结构和古代相比已经出现了极大的不同，不管家庭结构如何发生变化，良好的家风在创造优秀文化、规范价值理念方面的作用不会改变。高校在开展思政教育过程中需要与家风建设建立起密切的关系，以创新的方式继承这一优秀历史文化。正是因为有了这种传统文化作为底蕴，家风建设才能和高校思政育人有效地衔接起来，以形成合力的方式更好地培育社会主义新人。

2. 同向性

其实不管是家风建设还是高校思政教育工作，其根本目的和宗旨都是一样的，

---

① 谢青松，赵娟. 中国传统家风家教的传承与核心思想 [J]. 学术探索，2017（06）：114-120.

就是为了国家培养高素质、有情怀、爱国爱家的社会主义新人。从层次上讲,家风建设所处的层面要比高校思想政治教育低一个等级,两者的育人方式也不会完全相同,不过其根本宗旨和目标是不变的,就是为了实现中华民族的伟大复兴而培养更加合格的人才。在教育方面,家庭教育起到的是基础和奠基的作用,家庭教育可以为孩子启蒙,让他们从小就形成好的思想品德,具备良好的道德修养。而高校作为专业性较强的育人基地,可以在家庭教育的基础上有针对性地对学生开展道德教育;在当今的高校思想政治教育中,马克思主义理论和社会主义核心价值观是开展育人教育的主要内容,可以对大学生的价值理念形成起到积极影响,其实这也和开展家风建设的目的不谋而合。两者在育人教育过程中有着同样的作用和意义,都是为培养社会新人付出努力,要合理解决培养人才的关键性问题,并将相关理论和思想具体落实到实践当中,为民族振兴培养更多的优秀人才。

3. 共通性

所谓教育主体指的是可以在教育过程中有针对性开展教育工作,主导整个教育过程的组织或个人。我国主要的育人场域有家庭和学校,两者之间的共通之处也非常明显。在家风建设中,父母和子女居于主导地位,两者会在教育过程中产生互动,围绕家庭核心价值观展开基础的家庭教育。而在社会主义新时期的中国,在中国梦的引领下,家风建设开始和主流社会价值观逐步接近和吻合,融入国家"大思政"的理念和发展当中。在这个过程中,思想政治教育工作的主体则是由党和国家来承担。不过从作用上看,其和家庭的作用并无很大的不同。总体而言,在家庭教育和学校教育的不断互动中,传统基因逐步和现代价值取向有机融合起来,这也促成了家风建设和高校思想政治教育的完美融合。传统的家风价值理念开始渗透到社会主义核心价值观当中,帮助受教育者在学校阶段形成良好的道德品质,将教育合力的作用充分发挥出来。

(三)家风建设与思想政治教育协同育人的价值

1. 有利于树立坚定理想信念,强化爱国主义教育

坚定的理想信念是优秀家风家训传承的一大主题。坚定的理想信念是长期熏陶,无数次实践作用的结果,而不是一朝一夕就能形成的。理想源于现实又高于现实,它是最深层次价值观。学习优秀的家风家训,于潜移默化中提高对自我的要求,这帮助我们在日常生活中从细微处着手逐步实践自身的理想和价值追求,也能使人生方向更加明晰。

优秀家风家训是一个特殊的载体,通过学习优秀家风家训能点燃国人热爱祖

国的激情。家是最小国,国是千万家。热爱祖国是我们作为一个堂堂正正的中国人最基本的追求。热爱祖国不是灌输式教育的产物,而是耳濡目染、言传身教。爱国主义教育是使受教育者树立热爱祖国并愿意为之献身的思想教育,是思想政治教育的重要内容之一,同时也属于家庭教育的范畴。岳母刺字家喻户晓,究其根本,这是岳母对儿子的忠告和期盼,是对祖国无私的大爱。

2. 有利于完善修身齐家品德,形成睦邻爱亲风尚

优秀家风家训中大多包含修身齐家,意为提高自身的修养,理好家政。这一说法最早出自《礼记·大学》:"身修而后家齐,家齐而后国治。"该名句告诫后人,想要整顿好家风,必须先提升自己的修养。提升个人修养体现在各个方面,包括高尚品行、高远志向、高深学问等等。修身的重要性不言而喻,只有有涵养、有气质才能以身作则对家庭的家风建设做出贡献。

张英一纸家书家人随即拆让三尺,邻居吴家深受感动也连让三尺。六尺巷因此闻名,安徽桐城因六尺巷而广为人知。有如此之宽的小巷得益于邻里之间和谐共处,它的宽不仅在于物理距离上的长短,更在于精神境界上的高深。退一步海阔天空,退一步也是文明的进步,退的是礼让和和谐。

中国古代三字经中讲述九岁的黄香冬天在睡觉前先用自己的体温去温暖床被,再请父亲去睡觉。孔融四岁时就知道把大一些的梨让给兄长吃,人们看到的是黄香温席、孔融让梨,悟到的则是他们孝长爱亲的品质。小到家庭、邻里之间友好互助,大到构建和谐社会,各家各户的优秀家风家训能够共同营造出良好的社会风尚。

3. 有利于培养诚实守信之风,发扬艰苦奋斗精神

诚实守信本是自然的规律,追求诚实守信则是做人的规律。当今社会发展迅猛,物欲横杂,人们有时会被欲望蒙蔽双眼,而优秀家风家训的熏陶能使人们追寻内心的诚信之基。例如,东汉时期,名门望族琅琊王氏,家训言,"夫言行可覆,信之至也"。强调了诚信是人的根本处世的准则,在其家训的影响之下,其后人也都维护与践行着诚实守信的价值观念,从而奠定了其家族繁盛千年的基础,被誉为华夏首望。诚实守信是人类社会普遍的道德要求,不仅是我们每个人操身行世的基本准则,而且奠定了社会存续发展的重要基石。曾参是孔子的弟子之一,是位有德行的文人。教育孩子,他提倡以身作则、言而有信。曾参杀猪这个故事因诚信教育而广为流传,他不仅说服妻子不该欺骗孩子,更是给孩子做了一个言而有信的榜样。这是不仅仅是一句话、一顿饭,更是优秀家风家训的传承。优秀家风家训树立起做人做事的行为准则,而且也在悄无声息地帮助人们产生诚信的

心理趋向，引导后人做人做事诚信为本，在个人层面上践行社会主义核心价值观。反之，一个受诚信家风家训濡染的个体必然会在社会生活中通过行为表现出来，不仅为其子嗣树立起道德标杆，亦可感染周围的人，诚信之风便会弥漫整个社会。

（四）家风建设与思想政治教育协同育人的实践路径

1. 系统整合现有家庭资源

对现有的家庭资源进行系统整合，为开展协同育人打下良好的基础。第一，要积极汲取我国五千年优秀文化的精华，这也是开展家风建设和推动高校思想政治教育的基础与核心。在当代社会，要通过各种新媒体的方式对中华文化进行制作，可以以影音的方式穿插在家庭教育以及高校思想政治教育当中，潜移默化地对学生产生积极影响，"所谓治国必先齐其家者，其家不可教而能教人者，无之"。2016年12月，习近平总书记在会见第一届全国文明家庭代表时指出："中国人历来讲求精忠报国，革命战争年代母亲教儿打东洋、妻子送郎上战场，社会主义建设时期先大家后小家、为大家舍小家，都体现着向上的家庭追求，体现着高尚的家国情怀"。对当前的社会力量进行系统整合，在开展家风教育和思想政治教育的过程中积极引入优秀传统文化，打造更为强大的教育合力，稳步提升育人质量。

第二，对高校的优势进行深度挖掘。在我国思想政治教育工作中，高校所起到的作用举足轻重，是培养社会主义接班人的主要场域，聚集在高校中的教育资源非常丰富，可以通过系统的方式对学生进行全方位、专业化的培训，提升学生的认知水平。在高校的日常教学过程中，教师应该有所侧重，将家风文化巧妙地和课程教育融合起来，通过授课、讲座、讨论或活动的方式将这部分知识传授给学生，这样潜移默化的方式可以对学生产生影响，让其潜能得到激发，这样既可以传承优秀传统文化，还能树立当代大学生的文化自信，让他们更有底气。

2. 倾力打造学校联动机制

在学校和家庭之间打造良好的联动机制，为协同育人的发展打下良好的基础。在信息时代，不管是家庭结构、学校教育类型还是学生的心理情况都比之前有很大的不同，所以体现在家风文化和高校思想政治教育上，也会有很多与众不同的特点体现出来。在这样的情况下，需要实现线上和线下的有机联合，优化资源配置，打造更为完善合理的协同育人机制，将家风建设和高校思政教育巧妙地融合起来。

第一，有针对性地搭建一个线上平台。在这个方面可以发挥网络优势，打造一个网络互动平台将家风建设和高校思政育人联系在一起。比如微信、QQ群等，可以将相关的资料和信息发送到这类平台之上，开展主题讨论活动，从而扩大教育的影响力。在搭建了相应的网络平台之后，家风文化就能够更好地融入核心价值观当中，让两者相互影响相互渗透，这对培养大学生的道德素养和爱国情愫具有十分积极的作用。第二，线下活动也要同步进行。学校可以定期召开联络会，邀请家长、学生一起参与其中，针对具体的问题展开讨论，并将自己的经验所得分享给大家。在这样的互动过程中，家风建设就会和高校思政育人工作联系得更加紧密，学生可以在潜移默化的过程中得到更好的教育。

3. 建立家庭定期交流联络制度

在家庭和学校之间建立密切的交流制度，以常态化的方式推进协同育人工作。这样可以为协同育人工作的开展提供坚实的制度基础。

第一，在家庭和学校育人机制联动的过程中要坚持原则，所有的工作要围绕学生展开，符合大学生的实际学习与生活情况，从他们日常生活的点滴出发，认真研究他们感兴趣的事物，在这样的基础上开展的育人教育更容易取得实效。

第二，具体的操作要严格按照制度来落实，不能形式大过内容。首先，教师家访制度要切实落到实处，这样学生在家庭的表现，老师可以第一时间掌握；其次，落实家长访校制度，让家长走进校园，对学生的日常表现进行了解。当"家校互访"以制度化的方式得以确认，学校和家庭之间的关系就更加紧密，最终释放出来的育人合力也就更加强大。

四、大学生党建与思想政治教育协同育人机制

高校思政工作者需要紧跟时代发展步伐，积极学习、勇于创新，更好地推动党建和思想政治教育协同发展，在新的历史时期开创协同育人的全新发展观。

（一）高校学生党建工作与大学生思政教育之间的关系

1. 思政教育与大学生党建工作的关联性

在促进高等教育深化改革的重要阶段，为了提升高校毕业生的就业率，为国家、社会培养更多的专业性人才，切实提高思政教育水平，满足社会岗位的发展需求。对于大多数高校来讲，其在开展大学生党建与思政教育工作的过程之中，可以为学生带来更加高质量的服务。所以，在开展党建与思政教育融合的过程之中，必须要明确学生党建与思政教育工作之间的关联，实现二者的相互补充，进而实现为国家培养高素质人才的目标。高校党建工作部门涵盖了思政教育内容，思想引导、思想教育是党建教育工作的中心环节，二者之间存在紧密关联。在经

济环境飞速发展的时代环境之下，国内诸多高校为了使学生顺利完成学业，并在未来的时间范围内顺利步入工作岗位，切实满足企业在人才方面的需求，当对思政教育计划进行制定的过程之中，可以适当将一些社会热点话题融入其中，并将这些热点话题作为论点供学生进行讨论以及分析，以便更加深入、全面地理解政治理念。利用此种潜在的融合，可以充分展现思政教育的时代特征，为党建工作的发展提供重要帮助，在潜移默化的环境之下，推动党建工作、思政教育工作实现协同发展的总体目标。

2.思政教育与大学生党建之间存在一定的差异性

高校党建与思政教育在人才培养目标、培养内容方面具有紧密关联，并且还拥有一定的互通之处，但是从工作内涵进行剖析，二者之间具有一定的差异性。换而言之，党建与思政教育在基础理论、工作方式拥有重大差异，高校党建明确要求，党组织成员要结合国家发展规划、党的各项知识开展重要工作，在各类工作过程之中对自身的行为进行约束，提高自身综合素质与个人修养，帮助学生树立坚定正确的价值观念，充分发挥党建工作的模范带头作用。思政教育实质上是向学生传达党的重要思想，以马克思主义为重要理论指导学生，高度重视政治教育工作。高校开展思政教育的主要目的是为了进一步提高学生的思政意识，把学生培养成为社会主义的接班人，为国家、社会培养更多的人才，为民众提供高质量服务，向更多人传递正确的思想，营建优良的学习氛围。从二者育人理念以及工作目标的维度进行分析，党建工作与思政教育在本质上仍存在重大差异，二者进行融合的过程之中，必须要进一步明确高校教育工作之间的差异，确保学生可以受到党性的熏陶，促进学生实现健康可持续发展。

（二）高校学生党建与思想政治教育协同发展问题分析

1.依存度不高

现阶段，有些高校基本上实现了两者在目标和内容上的一致，不过党建和思想政治教育工作之间没有形成和谐共赢的发展态势，两者各司其职，不能有效配合。在很多高校当中，党建工作的负责部门是组织部，日常工作是组织培训，或是进行考核等，而思想政治教育工作的展开主要由辅导员和专业老师来负责。在党务工作的开展过程中，很多负责思想政治教育的工作者对党建工作漠不关心，并不想参与到党务工作当中，对其也不重视。在他们看来，党建工作主要是组织部的事，组织部应该全盘负责，正是因为这种认知，很多工作都是形式大过内容，虽然在学生中发展了很多党员和积极分子，但是他们的先锋作用并没有发挥出来。

有些老师则是将主要的精力放在自己的专业领域，重点进行科研工作，而辅导员则每天都投身于繁杂的日常事务处理中，也没有时间再关注思想政治教育工作。在这样的情况下，高校党建工作开展并不顺利，和思想政治教育也没有能够协同发展，合作平台一直没有搭建起来，所以在人才培养方面没业绩。

2. 创新愿景不足

在互联网高速发展的今天，大学生不管是学习还是生活都和网络息息相关，他们的思维结构也因此发生了很多变化。在新媒体广泛应用的今天，传统的教育模式已经不适用时代发展的需求，改革势在必行。不过现在的很多高校，依然采取传统的方式进行思想政治理论传授，老师在讲台上讲，学生在下面听，这种方式比较枯燥，学生的积极性无法得到调动，他们也不想参加到这类实践活动当中，所以思政课的效果也并不理想。

3. 监督不完善

在从严治党的影响下，高校开展党建工作也有了新的目标和要求，相关的制度开始完备，组织结构更加优化，党建工作开始正视培养学生党员的重要性，很多学生党员也脱颖而出。不过，需要认识到的是，我国很多高校党务工作者较少，可能辅导员也会随时帮忙，但是辅导员自身也有工作需要完成，所以大多数工作都是由党务助理来完成，这就使得党建监管工作形同虚设，他们无法针对党员进行教育，所以很多党员干部自身没有很强的党组织意识，某种程度上不能起到模范带头的作用。

（三）高校学生党建与思想政治教育协同育人的运行基础

高校想要培养出优秀的人才，行之有效的办法就是实现党建工作和思想政治教育的有机结合，充分发挥党建工作的引领作用，重视对广大大学生开展思想政治教育，两者可谓是相互配合，缺一不可，唯有如此，育人工作才能开展得比较顺利。落实到具体工作当中，高校应该积极把握党建工作和思想政治教育的共通之处，两者之间的关系联系密切，让其协同共进，步调一致。

党建工作和思想政治教育之间的统一性主要体现在以下三个方面：第一，发展目标能够保持一致。不管是党建工作还是思想政治教育工作其实都是坚持马克思主义思想，其发展目标就是实现立德树人，为社会主义现代化建设培养合格的接班人；第二，工作方法基本类似。党建工作和思想政治教育都是围绕"人"展开的，都重视对学生的教育，目的性强、方向一致，充分发挥教育的力量，帮助学生在大学时代树立正确的世界观、人生观和价值观；第三，教育内容大相径庭。

两者的主要教育内容都包括理论学习、道德修养提升，也会对学生进行爱国主义教育，可能根据学习的对象，相关教学内容会有一些差异，不过总体上是可以保持一致的。

党建工作和思想政治教育工作可以相互配合、互相促进。学生党建工作的核心和要点就是坚持党的基本路线不动摇，在高校落实党的各项方针政策，这也可以为后续开展思想政治教育工作打下牢固的基础。然而，好的思想政治教育工作可以提升学生的认知能力，让他们更加主动和积极地靠拢党组织，为党组织培养更多的优秀人才。从这个角度来说，思想政治教育为党建工作的开展提供了坚实的保障，而党建工作则是对思想政治教育再度拓展和全面升华。正是因为有了思想政治教育这个坚实的基础，学生党员才能更好地掌握各种理论知识，提升思想认知，充分发挥出党员带头作用。党建工作的开展也能为思想政治教育指明发展方向，可以提升学生的思想高度。从这个角度来讲，内部打造协同育人体系，将党建工作和思想政治教育囊括进来，可以保持高校的社会主义发展方向，有助于高校积极创新，也能落实从严治党的相关要求，为高校的未来发展铺就一条康庄大道。

（四）高校学生党建与思想政治教育协同育人的有效路径

高校在开展思想政治教育协同育人方面需要突出重点和难点，紧跟时代发展的步伐，坚定不移地落实"立德树人"的原则，在工作方法的选择上不必墨守成规，可以机动灵活，旨在更加高效与高质量地完成协同育人工作，打造多元化、多维度、全方位、同向同行的育人新格局。

高校开展思想政治教育工作的根本宗旨和原则就是教书育人，在校内打造完善的协同育人机制，积极探索发展新态势。在这个前提和基础之上，高校要打造完善的思想政治教育协同育人机制，帮助学生提高认知水平，将"三全育人"的理念真正意义上落到实处。教师结合学校的实际情况，推动高校党建工作更快更好地发展，同时要重视落实思想政治教育工作的监督职能。高校需要对当前的组织结构进行优化与完善，积极配置各种教育资源，加强人才培养力度，落实统一领导，将各方面的统筹协调工作一一安排好，这样才能为协同育人工作的开展提供坚强的支撑。

1.高校要合理把握学生的思想动态

高校要对学生的思想发展动态情况进行及时把握，可以多多关注学生的微博、QQ动态等，对其中的各种思想问题进行收集、梳理和分析，及时掌握学生的情感波动和思想变化情况。在这项工作完成之后,需要对比学生党员的各项数据,对学生思想波动的深层次原因进行研究,最终制定出有针对性的教育方案,为心理波动较大的学生开展思想教育与辅导,争取防患于未然,提前将问题消灭在初始阶段。

2. 以党的政策方针为重要指导

若想实现学生党建工作、学生思政教育工作协同育人的目的,高校应当深入贯彻执行党的教育教学方针,深入贯彻落实科学发展观,将党建与思政工作进行深度融合,确保二者相互促进、相互推动,进而提升大学生群体的综合素养。与此同时,学校还应当扭转传统思维观念,对传统思维模式进行改进,提高工作模式的科学性以及合理性,实施线性思维模式。线性思维主要是指将认知停滞于对物质的抽象,并不是对本质的抽象,并将该抽象作为着眼点的一种思维方式。由于其属于单相并且直线的欠缺性思维,所以该思维模式无法对一些复杂现象蕴含的规律、本质等进行深入化剖析。党政工作者、教育工作者在对一些问题进行分析的过程之中,应当从不同方向、不同途径对各类问题的解决方式进行剖析,与思政教育工作状况进行融合,积极探寻多元化的协同育人方式,开创思想认知的新局面。在开展具体工作的过程之中,要彰显改革创新新思想,对党建工作技巧、工作方式等进行优化,进而实现提高协同育人质量的目的。学生党建工作不但是党组织开展工作过程中的重要堡垒,也是确保思政工作实现长久发展的生命线,在推动思政工作的过程之中,要将两项工作进行融合,为国家、社会培养更多的优秀性人才,为党的发展注入新的活力。

3. 强化协同育人管理机制

第一,党建与思想教育应当将社会主义核心价值观念作为核心以及重点,把社会主义价值取向与教育体制、工作机制等进行深度融合,可以把一小部分内容直接引入到思政教材之中,利用案例的形式向学生介绍社会主义核心价值观念的本质所在,提高学生的主观认知。党组织成员还应当对社会主义核心价值观念进行剖析,利用学习的形式提高个人思想意识,强化工作能力。第二,构建合理化、完善化的党建与思政教育协同育人的工作机制,成立专业化的监督与管理小组,对学生的思想动态等进行剖析,明确党建工作内容以及工作效果,并对党建以及思想育人协同模式做出科学化评价。同时,加强高校各个部门之间的沟通以及交流,为实现思政教育、党建工作的融合提供优良的外部环境。第三,高校可以引入现代化网络技术加快推动二者互动平台,通过平台实现思想宣传教育。例如,高校可以开通微信、QQ等平台的账号,将一些党的政策方针以及学校所举办的一些思政活动及时发布于多个平台之中，以便学生可以及时了解、参加，而学生通过此种形式也可以树立坚定正确的价值观念，对学生的思想动态进行精准化把控，妥善处理思想教育以及党建工作方面所存在的现实问题。此外，网络平台还可以直接作为党建工作以及思政教育工作进行沟通交流的重要途径，将工作开展状况等进行及时发布，制定科学化、合理化的工作规划，使党建与思政教育协同育人的目的，贯彻落实立德树人的基本任务。

4. 充分发挥朋辈的教育作用

对于大学生党员来讲，应当充分发挥模范带头作用，在学习、生活过程之中正确引领他人。与教师相比较而言，学生极易受到与之年龄相仿人员的影响，从某种意义上来讲，共同生活、学习四年的同学会对自己的人生价值观念产生重要影响，所以高校党建与思想政治教育之间实现协同育人可以发挥出朋辈引导作用，将一些表现优异的大学生党员树立为典型，通过此种方式影响他人、教育他人，不断提升隐性教育水平，强化协同育人的亲和力。高校思想政治教育工作能否顺利推行，不但体现于学生在党的路线方针、马克思主义思想接受以及认同度方面，同时还体现于学生能够利用自身所学习的知识对实际问题进行处理。社会实践作为理论联系实际过程之中的重要形式，可以妥善处理传统思想政治教育过程之中所存在的不足之处，构建科学化、合理化的协同育人平台，所以高校要加快推动社会实践工作，鼓励学生加入到实践教育活动之中，用理论指导实践活动，对理论的科学性以及合理性进行验证，充分激发学生的爱国情怀，利用进一步丰富协同育人内容以及载体的形式，为国家培养更多的优秀人才。

第六章　新时期高校思想政治教育的反思

本章为新时期高校思想政治教育的反思，主要从学校整体建设的思想政治教育反思、学生干部队伍建设的思想政治教育反思、辅导员与思政课教师队伍建设的思想政治教育反思三个方面进行了论述。

第一节　学校整体建设的思想政治教育反思

一、新时期师德建设的反思

（一）师德的概念

理论上，师德作为一种职业道德，就其规范而言，首先，应合乎教师职业的目的性和规律性，使师德规范蕴含现实的必然性，同时又蕴含价值性，不含价值性的规范将无益于师德建设。其次，师德应努力保持实现教育的价值目标必然性和价值性的统一，因为内含必然性和价值性的师德容易得到广大教师的情感体认，容易被教师完全接纳和深刻内化，并在职业实践中自觉呈示。再次，作为职业道德，师德概念边界应指向教师特有的职业活动范畴，其内容必须含有道德意蕴。

现实中，人们时常将非教师职业活动范畴归入师德，将非道德意蕴的规范与师德混为一谈，结果难免踏入随意压缩和肆意扩大师德概念边界的双重误区。针对师德的认知和建设实况，对师德常见混乱认识进行辨析，澄清对师德认知的混乱，以纾解师德建设遭遇的困扰。

（二）大学教师的师德特征

大学教师的师德发展是建立在师德可建设性的逻辑之上的。下面拟从师德的人本性社会性、选择性和引导性等方面分析师德的特征，旨在加深对师德的认知，构建师德建设内容，理清师德发展的逻辑基础，促进立德树人总目标的实现。

1. 师德的人本性是立德树人的价值指向

首先，从本体来看，"在心为德，施之为行"，无论是师德"本心"的载体—教师，还是"施之为行"的对象—学生，其指向都是人，立德在人，树人更在人。其次，从需求来看，大学教师既存在作为人本内在的精神需求，又存在外在的物质需求和交往需求。精神上追求自我完善和道义担当；物质需求也并非可有可无，如基本物质需求得不到满足，容易导致教师身心疲惫，带来挫败感、失落感和压抑感。交往需求又常常表现为教学交往、学术交往、文化交往、创新交往，表现为与同事、团队的合作交往，与家长、企业的协作交往等等。在这些交往中，大学教师的职业道德表现为人文关怀、平等尊重、善良温暖、公正自由等人本需求。再次，从发展来看，大学教师师德发展是"树人"的根基，是提高品行和能力、提升人格和魅力、实现对自我悦纳和对教育对象无条件接纳的过程；是全身心投入精力和情感敬畏和尊重教育对象、创新传承和成就学生的过程。师德都是生发于人、指向于人，都是为了服务人、发展人。师德的人本性是立德树人的价值指向。

2. 师德的社会性是立德树人的价值生发途径

师德建设的社会性指师德建设与呈现不能脱离人际交往，不能脱离教学、学术、服务、传承等职业活动，不能离开大学教师的职业场域和社会环境。师德在学者、学生、社会的职业交往中呈现，从而影响和引导学生的专业学习与专业发展，并通过社会服务实现其社会价值；大学教师通过专业化的社会：服务活动，直接向社会组织和服务对象发挥引领作用，矫治社会的失德现象。另一方面，大学教师师德建设无法脱离社会经济背景，不能无视教师的物质需求而空谈大学教师的师德，不能脱离大学教师所处的社会现状，不切实际地无限拔高师德标准；大学教师师德建设同时也离不开所在学校环境，学校的制度环境、工作环境资源状况等，这些都会影响师德建设。因此，大学教师师德社会性，要求通过师德建设来发挥道德的社会功能，实现立德树人的目标，同时大学教师的师德又会受到社会环境影响。良好的社会经济环境一方面对师德建设提出更高要求，另一方面，又有利于促进师德的发展。因此师德建设不是高高在上的自我清修，也不是判官式的指手画脚，它需要在与社会的深层互动中生成和发展。

3. 师德的选择性是立德树人的价值实现基础

大学教师的师德应由"应然"回归"实然"，回归现实生活，这样师德建设和立德树人就有了现实基础。现实中，大学教师的师德呈现为可选择性的特征。如对大学教师职业行为背后的善、恶分辨，对行为高尚低劣的判别，对行为自利、利他的审视,对行为结果公平、失衡的求证,对行为正义、非正义的诘问等。不同的选择,表现为有德、无德或失德的状态不同,表现为德之高尚、平常和底线的层次高下;师德选择的变化则呈现为师德稳定性或波动性的时间变异。师德的选择性,从侧面证明了师德可通过反思来觉悟,通过修炼来育成,通过实践来习得。师德是可生成、可发展的,师德的选择性为大。

(三)师德建设途径

1. 师德建设遵循的原则

首先,要遵循政治首位原则。加强师德教育不能就道德论道德,而是要站在讲政治的高度,以战略的眼光来认识师德建设的重要性和紧迫性。这就必须扭转当前在师德建设中忽视和淡化政治的倾向,坚持科学发展,以新时期中国特色社会主义思想为指导。

高校师德建设坚持以人为本的原则,就必须充分调动教师在教书育人中的主动性、积极性、创造性,使广大教师树立共同理想,培养高尚的道德情操和敬业爱业的精神,成为学识渊博的人民教师,集社会公德家庭美德职业道德于一身的公民典范。

再次,要遵循贴近生活的原则。教师道德建设应注重实效,贴近教师的生活,反对空泛的脱离实际的空谈,要实事求是,从实际出发,关心、理解、体贴教师,将思想道德教育寓于做实事、办好事的实际活动中去,使师德建设落到实处。

最后,要遵循与时俱进的原则。由于师德具有明确的发展性、开拓性和典范性。因此,师德建设必须在继承中创新,在创新中发展,使师德建设充满生机和活力,以新型的师德风尚带动校风和社会风尚。

2. 大学教师师德建设的两个维度

大学教师师德建设仅限于制定条例或规范是不够的。首先,师德规范内容所涵盖的范围是相对固定的,这与师德时代性的变化特征相抵触,并存在师德规范涵盖范围有限的局限;其次,师德规范要求忽视了教师师德水平的差异性和师德发展的过程性;再次,师德规范主要指向教师的行为,而对师德直指人的本心部分关注不多。下面拟从师德建设的德性和德行入手进行分析。德性指行为主体内在的、以道德为核心的、具有卓越特征和生命力量的精神品质。德行是对师德规范的合理性和目的性的价值认知,师德不能建立在不合理的、没有价值的或者与价值无关的规范之上;德性要求育成对师德规范的情感认同,因为对不能认同的规范,是无法要求教师去遵从和自觉践行的;德行要求师德主体将师德进行内化,只有内化于心的德性，才可能自觉地外显于行。大学教师德行育成的重点是从以上几个方面加强德性的修炼，并努力将其融为一体。德行是建立在内在德性基础之上的道德行为。就德行而言，古人认为"德行，内外之称，在心为德，施之为行。"（《周礼》）。在古代对"德行"要求也不相同。如儒家以"温、良、恭、俭、让"为修身五德，而兵家以"智、信、仁、勇、严"为将之五德。新时期对德行的要求是采用有道德意蕴的职业行为。

在职业实践中，即使面对同一职业问题，不同师德水平的教师采取职业行为不同，其背后形成支撑的是不同德性水平。另外，大学教师的德行选择还受职业情境、社会伦理秩序、主体利害计虑等多因素影响。

总之，大学教师的师德建设应当从德性和德行两个维度进行推进，师德内化为德性，外显为德行，而大学教师师德建设通过不断提高"德性"，持续改进"德行"来立德。

二、校园管理的反思

完善的保障机制是学校思想政治教育内容整体构建有效实现的组织保证。学校思想政治教育内容整体构建缺失的原因是多方面的，既有教育工作者自身整体性教育意识欠缺的影响，但更有缺乏有效保障机制的制约。因此，学校思想政治教育内容要真正实现整体构建与有效衔接，光有教育者的主观努力，只希冀于增强思想政治教育者的整体性意识，提高思想政治教育者的工作素养是不够的，更重要的是要建立一整套科学规范的保障机制。

（一）建立健全系统化的思想政治教育领导组织管理机制

思想政治教育领导管理是教育管理的重要组成部分，是依据党和国家有关要求，按照学生身心发展的基本规律和思想品德形成规律，组织协调思想政治教育实践，以使思想政治教育系统保持良好的机能状态，从而合理组织各种力量提高思想政治教育实效，完成思想政治教育目标和任务的有效手段。思想政治教育领导管理系统是整个思想政治教育工作的指挥和保证系统，是协调、组织、实施教育工作的核心和不可或缺的保障。虽然，学校思想政治教育系统化建设问题已经得到党和国家的政策性的确认，但是直到目前，学校思想政治教育的领导管理体制却并没有发生相应的根本变化，不论是宏观层面的整体性领导管理体制，还是微观层面的学校内部的领导管理体制，都尚处于一个相对分离的状态。这也是造成学校思想政治教育内容缺乏整体构建的重要原因之一。因此，当前，要有效实现学校思想政治教育内容体系的整体构建，首要的问题就是要实现思想政治教育领导管理体制的整体化。

（二）建立健全系统化的思想政治教育者交流沟通机制

有效实现学校思想政治教育内容的整体性构建，离不开整体性学校思想政治教育领导管理体制的建立，但企图单纯依靠于统一化的领导管理体制显然也是不可取的，具体的教育实施者的作用也是不容忽视的重要因素。因此，在确保领导管理体制一体化之后，就需要在教育者的交流与互动沟通上下功夫、做文章。建立学校思想政治教育者的沟通交流机制，就是加强大中小学思想政治教育工作者以及教育研究者之间的合作与沟通，建立并完善学校思想政治教育衔接协作工作的交流渠道，使不同学段、不同途径的思想政治教育者建立经常性、制度化联系。建立健全大中小学思想政治教育者的经常性互动交流机制，是凸显教育者作为思想政治教育工作主体在实现思想政治教育内容整体构建过程中主体价值的有效渠道。学校思想政治教育者沟通交流机制的建立，不仅包括纵向不同学段间思想政治教育者沟通协作机制的建立，而且包括横向同一学段内部不同途径的思想政治教育者间沟通协作机制的建立。

（三）建立健全系统化的思想政治教育科学评价机制

思想政治教育评价是思想政治教育全过程中的一个重要组成部分。评价具有监督和导向功能。在对思想政治教育的评价中，有什么样的评价标准，思想政治教育者就会向什么样的方向努力；有什么样的评价内容，思想政治教育者也就会注重什么方面的工作。因而，通过评价标准的引导，可以为教育者实施教育指明方向，引导其在教育过程中注意与其他学段、其他途径的思想政治教育内容间实现整体构建。长期以来，因为缺乏一个有效的思想政治教育衔接评价机制，使得学校思想政治教育实际运行过程中一直没有一个强有力的指挥棒来导向教育内容整体构建问题。虽然近几年来，随着党和国家对思想政治教育整体构建问题的重视，大中小学各层级的思想政治教育工作也越来越重视思想政治教育整体构建特别是思想政治教育内容整体构建问题，对于思想政治教育整体构建问题的考评也逐渐纳入学校思想政治教育评价体系中，部分学校甚至已经开始探索思想政治教育整体构建评估的指标体系。但从目前的总体状况而言，这项工作还处在起步阶段，思想政治教育整体构建实施的质量评估还有很长一段路要走。因此，当前，我们要搞好学校思想政治教育内容体系整体构建工作，就必须要建立一套完善的思想政治教育评估体系，将思想政治教育内容体系整体构建纳入思想政治教育评估标准之中，以希冀通过教育评价的监督功能和导向功能引导思想政治教育整体构建工作的真正落实与实施。

第二节　学生干部队伍建设的思想政治教育反思

一、高校学生干部能力培养的现状

高校学生干部的角色定位是服务学校、服务学生，有着出色的领导、组织、协调能力以及沟通和社交能力，在思想、学习、生活中都起到榜样示范作用。但在学生干部队伍建设、成长发展过程中，存在结构不合理、培训模式固化、学生干部角色认知不深刻等方面的问题，无疑值得高度重视和认真探讨。

（一）教育内容单一，缺乏科学的能力培养体系

目前高校学生干部培养主要通过理论培训、课程讲授、传帮带、社会实践活动等形式开展，其中，最常用最广泛的是通过讲座的方式进行理论学习，这很容易导致忽视每个学生干部不同的个性化成长和发展，让学生干部提不起兴趣，吸引力较弱，往往会事倍功半。这种培养方法也很容易让学生干部重视经验，重视传统，让学生干部的创新力、创造力都受到严重的影响。

（二）教育理念传统，忽视学生干部队伍长期的良性发展

对学生干部，重使用轻培养，将任务交代下去，全程跟踪，学生干部围着指导教师转，很少有学生干部主动承担领导全局的任务，独立策划、组织大型活动的能力欠缺，这也不是培养学生干部应有的方法。学生干部面临的往往是大量任务的堆积与压迫，难以形成独立处理一项任务的思维能力，无法达到"使用——培养——提高"的良性循环效果。

（三）教育形式不完善，缺乏有效的选拔与考评机制

学生干部的选拔标准、方式僵化，大多是通过上一届学生干部推荐或选举演讲等方式选拔，多重视学生的表面现象，缺少思想道德考核，还有的只通过学习成绩选拔，而忽视学生综合素质与竞选动机。期满后没有科学健全的考核机制，对学生干部的工作起不到监督、激励作用，不利于学生干部模范带头作用的发挥，

影响学生干部队伍的凝聚力,也导致下一阶段学生干部的培养没有现实依据与参考,不利于学生干部队伍科学化、合理化的管理。

二、加强高校学生干部能力培养的对策

(一)学生干部培养,强化思政引领

思想政治教育是德育和学生干部培养的主要内容。思想政治教育的内容既要继承传统,又要赋予其新的时代特点。坚持用马克思列宁主义、毛泽东思想、邓小平理论和"三个代表"重要思想为指导,努力用先进的思想、科学的理论构筑学生会组织以及学生会干部的强大精神支柱,最大限度地培养、激发他们的爱国热情。同时,也要加强学生会干部的思想建设,使他们坚定理想信念,树立正确的世界观、人生观、价值观。加大党课培训在学生干部中的力度和比例,使学生干部队伍的政治素质过硬,思想觉悟不断提高。只有思想政治建设好了,学生干部才能有好的组织纪律性和忘我的工作热忱。这也为其日后工作创造了条件。

首先,从基层组织生活着手,做好学生思想政治工作。团总支对各个专业各个班基层团支部实行硬性规定:即每周必须开展团支队活动,每月必须开展以某些内容为主题的主题团队活动,并邀请其他专业兄弟支部参观。只有基层生活过好了,组织好了,学生的积极性才能真正地调动起来。

其次,开展各种特色活动。为了强化学生和学生干部的真正思想建设,要经常开展有针对性的特色活动。如党团知识竞赛、各种思想观念、价值观念讨论会和征文活动、学雷锋日等等。通过这些活动有针对性地加强学生和学生干部的政治觉悟和组织纪律性及全局观念。

最后,加强学生干部党员教育。学生干部的大部分是入党积极分子。学生向党组织递交入党申请书,是为了得到更好的培养和发展机会。通过对学生入党积极分子的培养,采取理论政策学习、不定期谈话、谈心等形式,提高他们对党的认识,坚定对党的信念,不断提高自身的政治觉悟与素养。

(二)丰富培养内容,设置多层次课程体系

课程培训是高校开展学生干部培育的常态化工作,目前高校中较为常见的是学生干部培训班、青年马克思主义工程等,集中在学生的理想信念培育上。而目前,高校需要根据学生干部的实际特点与需要、授课的内容、授课的形式等,将知识纳入课程化体系中,建立学生干部培训课程体系,开设课程培训模块,丰富

学生干部课程培训库，实现培养的规范化与可操作性。比如，在理想信念教育方面，增设党史学习课程，加强学生干部的爱国主义、民族精神教育。在业务能力方面，可以开设公文写作、活动策划、礼仪礼貌、沟通技巧、时间管理等专题课程。在廉洁教育方面，开设法律知识、文件规章等讲解，组建专业的教育师资队伍，定期更新教育内容，实现学生干部的能力提高、业务精通的目标。

（三）创新实践载体，发挥学生干部自我教育能力

社会实践活动是培养学生干部能力的一条重要渠道。中共中央、国务院印发的《关于加强和改进新形势下高校思想政治工作的意见》中指出："要强化社会实践育人，提高实践教学比重，组织师生参加社会实践活动。"通过实践教育，强化知识技能，练就过硬本领，形成良好的思想品德和正确的价值观。例如，结合时代的需求，组建学生干部宣讲团，以朋辈教育形式，深入同学当中开展大宣讲，让有信仰的人讲信仰，让青年人讲给青年人，在互相交流中，锻炼学生干部的语言表达能力，加深对党的最新理论知识的理解，坚定信念。还可以结合重大纪念日、节日等，开展主题教育。比如：毕业季的创新创业活动、暑期三下乡、建党一百周年主题演讲、校外实习、素质拓展等方式，在组织和参与中锻炼学生干部的团结协作、应急应变能力。同时，还可以将实践载体与专业知识相结合、与校园文件建设相结合，扩展培养学生干部能力的渠道，为学生干部提供展示自我的平台，在实践中提升思想觉悟，内化为具体行为，提高执行力，塑造他们对党忠诚、信仰坚定、素质优良、作风过硬的积极形象。

（四）注重差异培养，打造个性化培养体系

高校学生干部具有差异性特征。表现在不同年级、不同职务、不同个体能力等方面，除了集体培训之外，持续打造个性化培养体系。针对低年级的学生干部，以传帮带为主，培养基础的协调和执行能力，而高年级应有自主培养低年级学生干部的意识，要提升自身的示范带动能力。对不同职务的学生干部，如组织部、宣传部等部门，要牢牢把握住意识形态宣传，同时培养他们新闻写作与宣传的能力。针对不同个体能力，注重发挥每一个学生干部的优势与特长，有意识地培养与引导。

（五）强化监督管理，完善学生干部选拔与考核机制

党中央强调，要坚持党管干部原则，把好干部标准落到实处，年轻干部不仅要数量充足，还要质量优良，要在质的提高上下大功夫。新时代关于干部选拔任

用的精神可以运用到高校学生干部的选拔标准制定方面，学生干部应面向全体学生进行，做到来源广泛、公开透明、公平竞争，增加同学投票环节从而减少教师个人主观因素的影响判断。在学生干部考核评议方面，要在基本工作完成情况、工作能力及效率、工作积极性、奉献精神、纪律性、学习情况等方面完成综合评价，评议小组由学生代表为主，学生工作教师、团委教师共同参与，定期民主评议，并在一定范围内公示评议结果。通过以上这些渠道，加强对学生干部的管理和监督，加强学生组织的纪律性与良好作风，更好地为广大同学服务。

作为高校教师，有责任也有义务关注学生干部的思想变化，不断改善并改变教育方式，更新学生干部队伍建设的理念。在新时期背景下，要引导学生主动积极地承担责任、提高思想水平、勤奋学习、踏实工作，充分发挥学生干部的模范带头作用，使其在实践中提升能力，在服务中成就自我，为构建和谐校园与实现中华民族伟大复兴的中国梦贡献自己的力量。

第三节　辅导员与思政课教师队伍建设的思想政治教育反思

一、辅导员队伍建设的思想政治教育反思

（一）高校辅导员制度存在的问题

1. 辅导员的角色不清

辅导员担负着学生思想道德等方面的教育职责，工作在学生思想政治教育第一线，是高校学生德育组成部分。辅导员管理学生的各项事务，如主抓课程安排、上课出勤、寝室卫生和组织各种活动等，辅导员与学生之间的关系被理解为管理与被管理，忽视了教师与学生的关系。正是由于辅导员职责覆盖范围含糊，日常学生事务琐碎，工作重点难以突出，而且处于受多个部门管理和监督的学校管理机构最底层，使辅导员很难获得专职教师一样的素养和尊重，其教师身份时常被忽视成为不争的事实。辅导员本人容易被沦为学校的边缘人物，不容易得到社会、学校和学生的认同。辅导员岗位更容易被认为是不具有专业性，而是具有很强的替代性的职位。

由于辅导员日常事务繁重和这种角色定位的不清晰，使得辅导员本职工作不能很好地发挥和展现，陷入了两种困境。一方面，学生日常事务和管理工作繁重，

都不分职责的落到了他们身上,不得不处理;另一方面,处理这些事务要花费大量时间和精力,有悖于对学生进行思想政治的教育引导、心理上的辅导、职业生涯规划和就业等方面的指导,尽管做了很多工作,但是在心理上与学生处于一种游离状态,很难真正走进学生心里,成为知心朋友,导致了辅导员实际工作量与工作效果的不平衡,工作效率低下。这种在学校中的角色定位不清,还容易导致辅导员对未来职业发展不明确,职业发展信心和动力不足,造成很多辅导员在心理上缺少归属感和成就感,不利于高校学生事务工作的顺利开展。

2. 双重身份

高校辅导员具有教师与干部的双重身份,但通过调研得出,辅导员真正走上教学岗位的难度相当大,少数辅导员也承担着如就业指导课、公共选修课等一些考察课程,但工作量被限制,职称评定可谓壁垒重重。此外,从调研高校定岗定编等相关资料分析来看,辅导员的定岗定编绝大多数情况下是与专任教师一致的。与此同时有很多高校都明确要求要给予一线教师一定的政策倾斜,不能让教师岗、行政人员双肩挑,换言之也就是说辅导员本身就具有双重身份,因此在待遇上也不能仅让其享受一种。如果出现双肩挑的情况对辅导员开展工作是非常不利的,非常容易引起辅导员以消极的态度对待工作,加剧了辅导员队伍的流动性。目前,不乏有一些人将高校辅导员等同于"服务员""保姆"。在大部分离领导以及教职员工的心里形成了一种定势:凡是涉及学生的事情都是辅导员的工作职责。后勤服务、教学管理、安全保卫等学生工作日以外的任何部门都可向辅导员发号施令。而国家层面、上级教育部门有关文件精神在高校的落实中,缺乏细化的具体条款,辅导员的岗位权益未能得到有效保护。很多辅导员自身颇感迷茫地感慨"辅导员是块砖,哪里需要往哪儿搬"。

3. 辅导员在高校中的地位有待提高

从高校辅导员自身来讲,对辅导人员的综合能力、专业素养等各方面均得出了严格的要求。但是据统计有相当一部分辅导员并不满意自己的职业,而自16号、24号文件的出台之后,这一情况从一定程度上得到了改善。但与辅导员群体的期望尚有差距。在大学生的心目中,多数学生认为辅导员值得爱戴、尊重,因为他们的存在,有利于大学生的健康成长。同时相关部门规定了高校辅导员的首要任务,是对大学生进行思想政治教育,十分明确地指出高校辅导员和专业教师同等的德育教师身份,理应发挥同等重要的作用。在学校管理者及相关职能部门的也目中,其地位和专任教师相比,还是有一定差距。一些学校的领导、专任教师中不乏戴着有色眼镜看待辅导员的人。甚至认为这些人没有什么工作成果,也没有科研的能力，学历也不高，因此薪酬待遇低，职业地位低都是正常的，甚至还有一些人存在看不起这些人员，总之在整个高校教职工群体中，辅导员并没有得到充分客观的评价和认识。

4. 角色冲突

辅导员扮演着多重角色，也背负着不同人群的角色期望，是社会、学校、家庭之间的纽带，也是上级、教师、学生和家长之间的桥梁，面对着来自不同方面的期望。就国家而言，希望辅导员成为思想政治教育引导者，提高学生思想觉悟；对于学校而言，希望辅导员成为学生的良师益友，学校相关政策的良好传达者和执行者；对于学生家长，希望辅导员关心和负责离家学生的生活和学习；对于学生而言，希望辅导员不是管理者，而是知心朋友，能够给他们提供及时的帮助和指点。可以看出，辅导员在高校工作中处于节点位置，一旦出现两方或以上利益冲突时，辅导员往往进退维谷，既要及时完成上级下达的要求，又要考虑学生的情绪和意见，在这个节点上要寻求平衡，处理不当就很可能使自身威信和学生的亲近感下降。辅导员作为高校教师的重要组成部分，渴望受到社会的良好评价和认可，渴望受到任课教师同样的待遇和尊重。对个人发展空间和职业长远规划、科研和培训也有要求，而这些要求的事与愿违，则往往容易引起角色冲突。此外，辅导员自身性格和价值取向等自身局限可能会引起角色冲突。处理大量的学生工作和负责上下级信息的传达，这要求辅导员具有良好的交际能力和开朗的性格，更要具备较强的心理承受能力。面对日益变化的各种观念，辅导员如果不能及时转变观念应对等，对新旧观念进行调适，很可能在工作中陷入角色冲突之中。

对于高校辅导员，面对不同的角色期望过于复杂，同时又要在工作中处理不同角色间的实时转换，很容易导致辅导员对某一岗位应该扮演的角色出现判断困难或失误，到底该干什么或是不该干什么界限不清楚，感到无所适从。在辅导员的职责在理论上，应该是主要负责学生的在思想、学习、生活和就业等方面的指导、服务与管理。但从辅导员实际担任的工作来看，许多非本职的工作都落在了他的身上。因为辅导员往往隶属于某个院系，当院系出现工作任务量大，人手不足时，辅导员就被拉来承担教务工作或是教学工作。

（二）高校辅导员职业素养提升的途径

1. 提高辅导员职业意识的政治站位

职业意识体现的是党和政府对高校辅导员角色定位的本质要求，高校辅导员的工作职责和发展要求，大学生发展和成长的现实需要。要提升高校辅导员职业素养，遵循政治第一原则、以人为本原则、实践锻炼原则、系统提升原则，首要是提高高校辅导员职业意识的政治站位。

2. 加强辅导员职业道德的内涵建设

在高校辅导员职业素养的结构模型中，可以发现职业道德是辅导员职业素养的重要组成部分，它是辅导员修身立业、价值追求和工作态度的集中体现，是这一群体可持续发展和大学生健康成长的重要条件，要提升辅导员职业素养，在遵循政治第一、以人为本、实践锻炼、系统提升等原则的基础上，加强辅导员职业道德的内涵建设显得尤为重要和关键。

3. 提升辅导员职业能力和职业知识的层次水平

基于辅导员职业素养的结构模型看来，高校辅导员职业能力是这一群体完成立德树人根本任务的关键能力，是这一群体工作内容的本质需要，集中反映了这一群体的职责所在，是高校辅导员和大学生职业发展的本质需要。高校辅导员职业知识是知识和文化积累、传承以及创新的源泉和基础，是高校辅导员把握教育教学规律、学生成长规律的保障，是促进高校辅导员和大学生的全面发展的基础力量。要提升高校辅导员职业素养，在遵循政治第一、以人为本、实践锻炼、系统提升等原则的基础上，提升辅导员职业能力和职业知识的层次水平是基础保障。

4. 凝聚辅导员职业文化

在长期实践和发展中，每一种职业都会在条件成熟时形成专属的文化。这种精神文化是该群体共同的理想信念、价值观念、职业习惯等在综合而成的，反映了该群体的特征，是群体的灵魂和精神纽带。辅导员的职业文化也是如此，它能够增强辅导员个体的归属感和集体感，从而产生推动整体进步的凝聚力。

二、思政课教师队伍建设的思想政治教育反思

（一）新时期对高校思政课教师提出的新要求

1. 思政课教师要具备更高的政治素养

目前中国面临的国际形势非常复杂，西方国家通过新媒体来将他们的自由主义、拜金主义、享乐主义等思潮灌输给大学生，试图影响我国的主流意识形态教育。大学生是中国特色社会主义未来的接班人，他们的主流意识形态会影响国家未来的发展，而大学生的价值观念还不够成熟，明辨是非的能力有限，很容易受到各种西方不良思潮和文化的影响。在这样的形势下，高校的思政课教师要牢记出自己肩上的责任和使命，引领大学生树立正确的价值观念。在这个过程中，思

政课教师自身要具备更高的政治素养，才能引领大学生的意识形态。

2. 新媒体时代要求教师具备新媒体素养

当前的大学生从小生活在信息时代，在新媒体时代，各种新媒体技术和平台已经深入人们生活、学习的方方面面。我国教育部门也提出了教育信息化的目标，要求教师要转变教学观念和手段，深度促进信息技术和课堂教学的融合，利用学生感兴趣的手段和平台开展教学，拓宽学生的学习路径。因此，思政课教师要具备新媒体素养才能适应新时期的要求。

（二）新时期高校思政课教师核心素养的培育路径

1. 国家要加强高校思政课教师队伍建设的顶层设计

国家要从新时期的特征和要求出发完善思政课教师队伍建设方面的政策，做好思政课教师的培养、选聘规划，加强对思政课教师培养发展和管理方面的指导。另外，国家还要重视思政课教师的专业发展，给思政课教师搭建、提供高水平的继续教育网络平台，通过继续教育的方式全面提升思政课教师的核心素养。比如，"学习强国"就是官方搭建的继续教育网络平台，可以加强推广，提高平台的覆盖面，让更多思政课教师能够通过继续教育网络平台来不断提升自己，促进自身的专业发展。

2. 高校要精准施策来助力教师的核心素养提升

第一，高校要重视思政课教师队伍的建设，部分高校将教学重点放在专业教育上，对思政课教育不够重视，导致对思政课教师队伍的建设不够重视，在新时期一定要及时转变这种错误的观念。高校要从长远、发展的眼光来看待问题，深刻认识思政课的重要作用，重视思政课教师的队伍建设，给教师提供良好的发展平台。学校要从本校的办学规模、办学战略出发来制定思政课教师队伍建设的规划，重视思政课教师的核心素养发展，将其纳入学校的发展规划中，增加更多的投入。

第二，高校还要积极响应国家的政策，建设完善、科学的思政课教师专业发展的制度。构建完善的思政课教师引入机制，招聘思政课教师时不仅要关注教师的教学能力等业务素质，同时还要加强对教师道德素养和政治素养的重视程度，选聘具有较高核心素养的思政教师。在选聘人才时要综合考核教师的政治素养和道德素养，可以结合时政热点、难点等来选聘优秀的人才。另外，要适当增加思政课教师的薪资待遇，对于优秀的思政课青年教师要择优资助，鼓励优秀青年教师继续深造。还要建立健全的思政课教师业绩评价机制和晋升机制，借助制度来更好地推动思政课教师的核心素养发展。

第三，高校还要重视思政课教师的培训，建立校本培训体系，通过针对性、有效的培训来全面提升教师的核心素养。教师要结合不同类型和不同阶段思政课教师的实际特点和需求来做好针对性的培训。比如，对于新手教师一般要加强教学、师德和信仰方面的培训，而对于经验丰富的教师，则要将培训重点放在提升新媒体素养、开拓国际视野等层面，通过差异化的培训提高培训的针对性。在培训内容的设置上，一定要紧密围绕核心素养的角度设置相关的培训内容，确定合理的培训方案。

3.思政课教师要树立终身学习理念

在新时期的背景下，思政课教师自身要认识到自己肩上的责任和使命，树立终身学习的理念，从新时期的要求出发来不断提升和锤炼自己，让自身的核心素养能够得到全面提升。作为一线的教育工作者，思政教师一定要认识到教学理念和教学观念在不断进步，时代也在不断进步，时代的进步必然会导致人们对教师的要求有所提高，作为一名优秀的教育工作者一定要不断提升和完善自己，不断学习，让自己的知识结构和能力素养得到不断完善。作为思政课教师，一定要加强对"有字之书"的学习，要深度学习和把握马克思主义理论，自身要提高对马克思主义理论的认同感，这样才能产生真正的信仰。教师要对马克思主义的经典著作进行系统阅读和深度研读，追求反复阅读、深度感悟，将马克思主义经典理论的阅读当成一种常规的生活习惯，甚至是一种精神上的追求，在每一次阅读中都要结合当下的时代特征产生新的感悟。另外，教师还应该对科研教研的最新成果进行精准把握，教师不仅自身要参与到科研和教研中，同时还要关注思想政治教育方面的最新科研、教研成果，在相关的科研、教研成果的指导下提升自己的业务素养，将最新的科研、教研成果融入具体教学过程，以此来确保教学的先进性和前沿性。

除了学习"有字之书"之外，还要加强对"无字之书"的学习。教师一定要确保自己在教学工作和科研工作中得到持续的成长，关注自身的专业发展，而不是止步不前。教师要注重教学反思，养成反思的习惯，从教学过程、教学效果以及教学反馈等角度出发进行反思，在反思过程中发现新的问题和课题，在反思中不断提升自己的教学水平和业务能力。除了要养成教学反思的习惯之外，还要求要加强对教学内容的学术研究，深度把握教学内容，让教学的穿透力和学理性有效增强。思政课教师要通过多种渠道来提升和学习，比如可以聆听师德楷模报告会、观摩优秀教师的示范课等，还可以通过网络路径学习名家名师的一些先进的理念和手段。教师自身还要积极、主动参与各种社会实践活动，比如高校教师会，在会议中拓宽视野，反思不足，以此促进自身的提升。此外，教师也可以自发参观红色基地，积累红色素材，将其灵活纳入课堂教学，而在参观红色基地的过程中可以让自身的信仰立场更加坚定，这样才能更好地感染学生。

参考文献

[1] 许怀芝，王东．高校思想政治教育与VR研学旅行融合的设计模式 [J]．才智，2022（01）：57-60．

[2] 孙梦阳．提升高校思想政治教育的亲和力和针对性 [J]．新长征，2022（01）：46-47．

[3] 刘艳．成长、成人、成才：新时代高校思想政治教育优化策略 [J]．教育理论与实践，2021，41（03）：23-26．

[4] 宋冰，朱浩然．经济新常态下高校思想政治教育与就业指导融合发展探究 [J]．财富时代，2021（12）：64-65．

[5] 张涛，田野．网络背景下高校辅导员思想政治教育工作有效性研究 [J]．教书育人（高教论坛），2021（36）：55-56．

[6] 郝园园．整体性视角下的高校思想政治教育创新 [J]．江苏高教，2021（12）：115-118．

[7] 杨淑玉．课程思政融入高校教育教学全过程研究 [J]．教育教学论坛，2021（48）：153-156．

[8] 王春杰．高校思想政治教育与创新创业教育融合途径研究 [J]．现代交际，2021（22）：20-22．

[9] 廖良初，宁晚枚．党史学习教育融入高校思想政治教育教学的路径 [J]．岳阳职业技术学院学报，2021，36（06）：39-42．

[10] 龚晓莺，康睿．后疫情时代高校思想政治教育课在线教学探析 [J]．财经高教研究，2021，6（02）：191-201．

[11] 袁海萍，梁毓琪，史佳晨．脱贫攻坚对高校思想政治教育的价值实现路径初探 [J]．财经高教研究，2021，6（02）：202-212．

[12] 周昌霖，刘顺强，张玉胜．新时代高校思想政治理论课教学实效性提升研究 [J]．贵州师范学院学报，2021，37（11）：43-46．

[13] 丁海亭，王井明．立德树人背景下的高校定向运动的思想政治教育功能

研究 [J]. 高教学刊, 2021（03）: 181-184.

[14] 朱江. 高校思想政治教育教学现状和对策——评《高校思想政治理论课教学案例导读》[J]. 热带作物学报, 2021, 42（11）: 3459.

[15] 冯芳露, 李斌. 微文化背景下微电影融入高校思想政治教育策略探析 [J]. 湖北成人教育学院学报, 2021, 27（06）: 66-70+93.

[16] 战惠. 新时代高校思想政治理论课教育教学改革研究 [J]. 时代报告, 2021（11）: 116-117.

[17] 吴起, 喻婕, 潘浩峰. 新时代高校思想政治教育工作队伍建设探究 [J]. 时代报告, 2021（11）: 134-135.

[18] 项乐源. 思想政治教育融入高校教学管理的路径探讨 [J]. 时代报告, 2021（11）: 148-149.

[19] 陈孟博. 教育信息化下提升高校思想政治教育教学实效性的思考 [J]. 时代报告, 2021（11）: 158-160.

[20] 李开庆. 高校思想政治教育与创新创业教育融合的三维审视 [J]. 太原城市职业技术学院学报, 2021（11）: 99-102.

[21] 穆建叶. 提升高校思想政治实践育人实效性的探讨 [J]. 黑龙江省政法管理干部学院学报, 2021（06）: 151-153.

[22] 杜环环. 新时代高校思想政治教育新趋向 [J]. 鄂州大学学报, 2021, 28（06）: 16-18.

[23] 丁振宾. 高校体育教育与课程思政教育融合研究 [J]. 大连民族大学学报, 2021, 23（06）: 566-568.

[24] 高玉芹. 红色文化在高校思政教育中的应用研究 [J]. 湖北开放职业学院学报, 2021, 34（21）: 83-85.

[25] 吕斌斌. 加强高校思想政治理论课教育教学的有效路径研究 [J]. 大陆桥视野, 2021（11）: 124-125+128.

[26] 张娜. 新时代高校思想政治教育"三全育人"的思考与探讨 [J]. 天津职业院校联合学报, 2021, 23（10）: 84-88.

[27] 潘雯婷, 杨丹, 杨东莹. "三全育人"视角下加强高校以党建引领思想政治教育探析 [J]. 求贤, 2021（07）: 52-53.

[28] 蒋平, 樊红兰, 韦顺国. "三全育人"背景下大学生成长与发展调查研究——以百色学院为例 [J]. 百色学院学报, 2021, 34（04）: 111-124.

[29] 周新胜, 李璐. 基于课程思政的高校思想政治教育新途径研究 [J]. 黑龙

江教师发展学院学报，2021，40（07）：50-52.

[30] 郑利惠. 探讨社会主义核心价值体系引领高校思想政治教育深入发展[J]. 中国多媒体与网络教学学报（中旬刊），2021（07）：118-120.